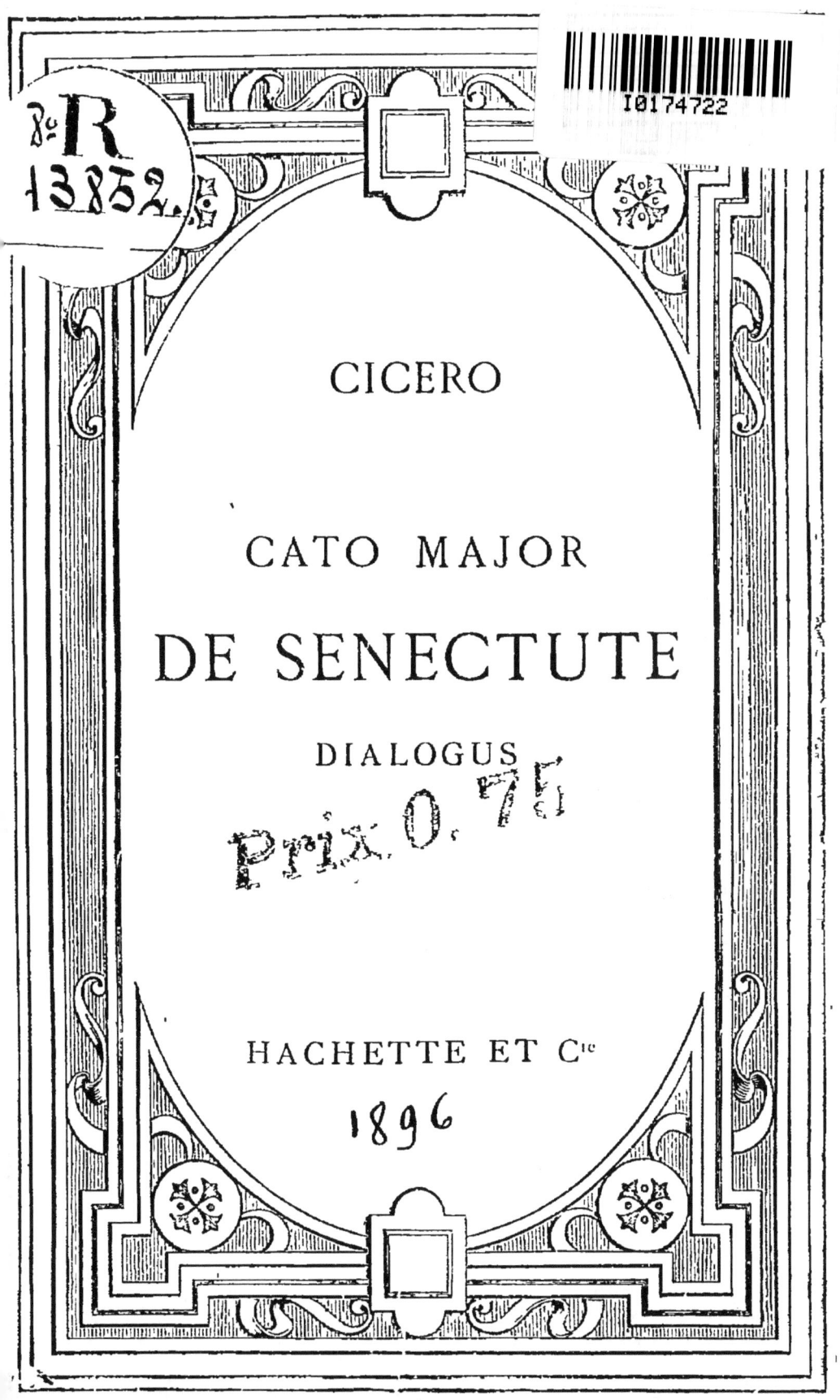

8° R
13852

CATO MAJOR
DE SENECTUTE
DIALOGUS

A LA MÊME LIBRAIRIE

Cicéron : *Dialogue sur la Vieillesse*, expliqué par deux traductions françaises, l'une littérale et *juxtalinéaire* présentant le mot à mot français en regard des mots latins correspondants, l'autre correcte et précédée du texte latin, par MM. Paret et Legouez. 1 vol. in 16, broché.. . . . . 1 fr. 25

Le *même dialogue*, traduction française de MM. Paret et Legouez, avec le texte en regard. 1 vol. in 16, broché. . 80 c.

53487. Imprimerie Lahure. rue de Fleurus, 9, à Paris.

CICERO

CATO MAJOR
DE SENECTUTE

DIALOGUS

TEXTE LATIN

PUBLIÉ AVEC UNE NOTICE, UN ARGUMENT ANALYTIQUE
ET DES NOTES EN FRANÇAIS

PAR E. CHARLES

Ancien professeur de philosophie au lycée Louis-le-Grand
Recteur honoraire

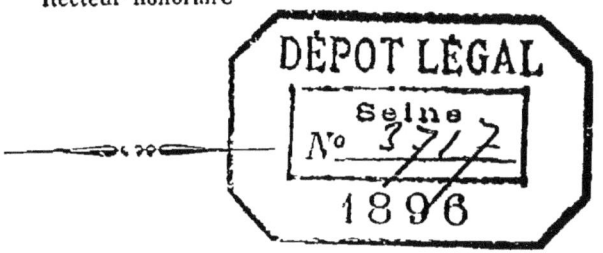

PARIS
LIBRAIRIE HACHETTE ET Cie
79, BOULEVARD SAINT-GERMAIN, 79

1896

NOTICE

SUR LE DIALOGUE DE LA VIEILLESSE

Ce dialogue fut vraisemblablement composé dans la première partie de l'année 44 av. J.-C. Il est cité dans le *Lélius*, qui date de la même année, et dans la *Divination*, où on lit qu'il parut avant ce traité, et après celui de *la Nature des Dieux*. Plusieurs lettres adressées à Atticus par Cicéron dans le même temps, parlent de l'envoi de ce livre et du plaisir qu'il a procuré à l'ami pour lequel il fut écrit. Enfin on peut voir dans un passage du dialogue (I, 1) une allusion au meurtre de César, tué le 15 mars 44, et aux troubles qui le suivirent. En tout cas, il est impossible de contester que le *Cato major* ait été achevé vers ce moment, et plutôt avant qu'après. Cicéron était dans sa soixante-troisième année : il avait subi de dures épreuves et cherchait dans l'étude un peu tardive de la philosophie des consolations contre la tristesse du déclin et les déceptions de la vie politique.

Le *Dialogue de la Vieillesse* tient une place honorable parmi les œuvres que nous valut cette crise, qui devait se dénouer tragiquement ; il a même ce mérite particulier, d'être une production presque originale du génie de Cicéron. On sait que le grand orateur, qui n'est pas un grand philosophe, a beaucoup emprunté à ses maîtres de la Grèce, et que, dans les doctrines, il imite plus qu'il n'invente. Il est présumable que le traité *de la Vieillesse* a eu des modèles : la matière avait déjà été effleurée par Platon, Aristote, Théophraste, et l'on croit que le péripatéticien Ariston avait laissé un livre sur le même sujet. Mais l'opuscule de Cicéron, qui a profité de ces ressources, ne tire pas sa valeur de quelques considérations plus ou moins subtiles, inventées pour dissimuler la rigueur de la destinée humaine : il est admirable par une sorte d'enthousiasme contenu pour les vertus romaines, pour les croyances qui les fondent, et les hommes qui en ont été les exemples.

Essayer l'apologie de la vieillesse, c'est risquer de perdre son temps à quelque jeu d'esprit, comme ceux où les rhéteurs grecs se sont complu pour faire admirer leur talent, et non pour instruire leurs lecteurs. Si l'on veut avoir trop raison en soutenant cette thèse, on s'engage à prouver qu'il est bon de vieillir, que le déclin de la vie n'amène ni l'épuisement des forces, ni l'affaiblissement de l'intelligence, ni les infirmités ; que cette arrière saison a ses plaisirs, qui valent ceux du printemps, et que l'approche de la mort n'en trouble pas la sérénité. Cicéron ne s'est pas toujours défendu contre cet optimisme outrance ; il croit sincèrement que la vie est bonne il ne cherche dans la philosophie que des preuves de son excellence, des garanties de bonheur, des remèdes contre les passions qui troublent l'âme, contre la douleur qui l'abat ou l'exaspère, contre la crainte de la mort qui l'obsède. C'est la pensée qui domine dans toute sa doctrine morale et qui en fait l'unité. Il lui arrive de la compromettre en l'exagérant, et, dans quelques passages de ce livre, il a cédé à cet entraînement et tenté, contre la vérité et la nature des choses, de nier les tristesses réelles de la vieillesse, et de lui attribuer des charmes auxquels elle ne peut pas prétendre : il s'appuie sur quelques exemples, qui sont des exceptions et qui ne seraient pas si connus, s'ils étaient moins rares. Ce n'est pas là le fond de son livre, qui est en substance une exhortation à bien vivre et à bien mourir.

Pour absoudre la vieillesse des reproches qui lui sont adressés, et qui ont trouvé tant d'interprètes, il ne sert à rien de disputer sur des détails, de contester des faits trop bien avérés, et de leur opposer le privilège qu'ont eu certains personnages d'arriver jusqu'au terme sans que leurs forces aient fléchi, ni leur bonheur diminué ; il faut aborder de front la question de la destinée humaine et savoir quel est le but de la vie. Sommes-nous nés, comme les autres animaux, pour développer un moment les forces de notre corps, satisfaire nos besoins, poursuivre le plaisir, et disparaître ensuite, sans qu'il subsiste rien de nous ? Alors la vie est détestable, et ses dernières années sont un supplice ; le premier bonheur est de ne pas naître, et le second de mourir jeune. Vieillir, c'est assister à sa propre destruction, voir dépérir jour par jour son être, s'évanouir ses plaisirs, et attendre après tant de douleurs la dernière souffrance qui nous délivre des autres. Ainsi doivent penser les Épicuriens, qui jugeant la vie à la règle du plaisir, la bornent à l'intervalle qui sépare la naissance de la tombe. Pour échapper à ce pessimisme, il faut faire intervenir deux idées, celle d'un devoir à accomplir et celle d'un avenir au delà de la mort. Le vieillard qui est, comme Caton l'Ancien, fermement attaché à ces deux convictions, peut penser sans regret au passé, et envisager l'avenir sans effroi ; il a accompli sa tâche : il a travaillé à devenir un homme, ce qui ne peut se faire sans travailler au bien des autres, sans se dévouer à sa patrie et à l'humanité ; il a rendu de grands services à ses semblables, comme les personnages illustres que Cicéron appelle en témoignage, ou bien il a vécu obscur, mais utile et honnête, comme la foule des hommes et des femmes dont ce parvenu dédaigne toujours de parler. Tant qu'il lui reste une pensée, il peut continuer son œuvre, se perfectionner encore et donner aux autres le conseil et l'exemple. Des plaisirs et des peines qu'il a éprouvés, beaucoup ne lui laissent qu'un souvenir, et il est de leur essence de n'exister qu'au moment où ils sont sentis : mais les bonnes actions durent, pour ainsi dire, après qu'elles sont faites : elles vivent dans l'âme, qu'elles ont élevée à la dignité morale, et dans la conscience, *conscientia bene actæ vitæ*. Cicéron est dans le vrai, quand il oppose l'activité morale de l'esprit, qui peut se ralentir sans disparaître, à la vigueur du corps, qui, pour si grande qu'elle soit, est toujours dépassée par celle « d'un taureau ou d'un éléphant ». Milon de Crotone pleure sur ses bras qui le trahissent : « Non, lui répond-il, ce ne sont pas eux qui sont morts, mais toi, qui ne valais rien par toi-même et tenais tout de tes muscles. » Il pense comme Montaigne, qui d'ailleurs n'est pas favorable à tous ses arguments, que « le privilège de l'esprit est de se ravoir de la vieillesse ». Telle est la pensée qui domine, à travers de nombreux écarts, et au milieu de propositions plus hasardées, dans les quatre parties de son argumentation, répondant aux quatre reproches qu'on fait à la vieillesse (ch. v).

D'abord il y a en nous, il faut le reconnaître, des forces qui vont faiblissant à partir d'un certain âge, et, par suite, il y a des affaires et des travaux qui nous deviennent impossibles. Mais ces forces sont une minime partie de nous-mêmes, celles du corps, la vigueur, la rapidité à courir, la constance à endurer toutes les fatigues; et ces travaux sont les moindres dont puisse s'honorer l'homme, les exercices, les jeux, la guerre, l'activité corporelle sous toutes les formes. Ce qui reste intact, c'est l'âme qui peut continuer ses progrès; ce qui est toujours possible, c'est le travail intellectuel et l'activité morale, s'exerçant en soi-même, par l'effort vers la vertu, par l'étude ou la méditation; hors de soi, par le conseil, par l'exemple, par la participation à la vie publique, où les vieillards trouvent l'emploi des facultés nécessaires au bien de l'Etat. Ainsi les forces qui ont disparu sont les moins nobles et celles dont ils n'ont pas besoin : les meilleures subsistent et vont croissant. Vaut-il mieux être fort, comme Milon portant un bœuf sur ses épaules, ou intelligent, comme Pythagore? Vaut-il mieux être Ajax ou Nestor? Ce qui a le plus de prix en nous, l'âme, ne vieillit pas, pourvu qu'on en exerce les facultés ; car il y a aussi des exercices pour l'esprit, une arène pour l'intelligence, *exercitationes ingenii, curricula mentis;* et ils ne sont jamais interdits à l'homme, qui ne risque pas de s'y épuiser; l'esprit ne se fatigue jamais, et le travail est pour lui un délassement : c'est une lampe qui ne s'éteindra pas, si on prend soin d'y verser de l'huile (ch. x, xi).

Mais quelles joies peuvent être réservées à cette existence défaillante? Les meilleures encore, et les plus dignes de l'homme. De ce côté, comme de l'autre, la vieillesse est un progrès plutôt qu'une décadence. Ce qu'elle perd ne vaut rien : ce sont les plaisirs grossiers, ennemis de la vertu, dont l'appât séduit et corrompt les âmes, les agitations d'une vie sensuelle et passionnée; en être privé, ce n'est pas déchoir, c'est être délivré et, comme le dit Sophocle, échapper à un maître brutal et furieux. Il lui reste les plaisirs délicats, la satisfaction du devoir accompli, celle que donnent les égards, la déférence, la considération publique, et que procure l'autorité, « cette couronne de la vieillesse », et enfin les joies de l'étude, que les savants et les poètes ont souvent goûtées jusqu'au dernier jour, et qui « pour les âmes bien faites vont croissant avec le nombre des années ». Cette sérénité s'entretient et se fortifie dans la vie rustique, dont les charmes sont si naturellement adaptés au caractère du vieillard. Cicéron les a décrits avec un art qu'on trouverait trop délicat, s'il n'était empreint d'une émotion sincère. Le sentiment de la nature n'a peut-être jamais été exprimé dans l'antiquité en traits plus touchants, et la rencontre de la poésie avec l'esprit positif d'un Romain donne à cette esquisse une beauté originale. Elle met en relief, d'un côté, l'aisance et la salubrité de la vie champêtre, les celliers pleins de vin, d'huile, de provisions; les étables, la basse-cour et les ruches, et toutes ces richesses accumulées pour le bien-être des hommes ou pour le culte des dieux ; d'autre part, le spectacle des merveilles de la nature : les moissons qui poussent, la végétation qui se renouvelle, les fruits qui mûrissent, la beauté des prés, des arbres et des jardins ; et, pour achever ce tableau, les grandes figures des Curius, des Cincinnatus, des Valérius, quittant souvent pour les plus hautes fonctions la campagne, où ils revenaient sans cesse, où ils achevèrent dans le calme leur longue carrière. S'il est des vieillards qui ne peuvent jouir des plaisirs qui leur appartiennent, c'est que leur vie antérieure ne les y a pas préparés : il ne suffit pas d'avoir des cheveux blancs et des rides pour obtenir les privilèges de la vieillesse; ils sont les fruits tardifs de la vie tout entière. Ceux-là seuls qui ont été honnêtes dans la jeunesse et dans l'âge mûr sont sûrs « d'arriver sans dommage au dénouement de la pièce, et de ne pas succomber au dernier acte, comme des histrions qui savent mal leur rôle » (ch. xv a xix).

La vieillesse n'est donc condamnée ni à l'inaction, ni à la douleur, ni à l'insensibilité; mais n'est-elle pas sujette à la crainte? Chaque journée la rapproche de la mort, qu'il est difficile d'envisager sans pâlir. Cicéron cherche en vain des palliatifs à ce mal. On l'écoute à peine quand il rappelle que l'on meurt à tout âge, que les jeunes gens courent plus de risque que les vieillards, que la mort est naturelle. L'idée fondamentale de son livre, à savoir que la vie est le développement de l'esprit à travers les phases des différents âges, serait comme contredite, ou du moins écourtée, si la mort interrompait l'œuvre commencée. Aussi la logique le force à faire un dernier pas, et à affirmer, avec moins de réserves qu'ailleurs, la nécessité d'une vie future, qui est la raison et l'explication de la vie actuelle et la vraie consolation de celui qui en a atteint le terme. Le souffle du spiritualisme anime donc d'un bout à l'autre cette œuvre et soutient l'admiration dont elle est l'objet. Cicéron, qui vivifie ses démonstrations parfois languissantes par des exemples empruntés à l'histoire de son pays, a trahi ailleurs des convictions chancelantes;

mais les doutes que le philosophe a souvent laissé deviner s'effacent, quand il parle en moraliste et en patriote; sceptique en théorie, il redevient croyant quand il confie à Caton l'Ancien le soin de dire comment se forment les vertus qui font la dignité des citoyens et la prospérité des États.

ARGUMENT ANALYTIQUE

I. Ce livre est écrit pour T. Pomponius Atticus, et Caton déjà vieux y parlera de la vieillesse.

II. Scipion et Lélius s'étonnant qu'il supporte si bien la vieillesse, Caton leur répond que toute sa sagesse consiste à obéir aux lois de la nature.

III. Les inconvénients de la vieillesse proviennent plutôt du caractère que de l'âge; la culture de l'esprit et la pratique des vertus en sont les remèdes.

IV. Exemple de Quintus Maximus : il a rendu de grands services à la guerre et au Forum dans un âge avancé.

V. D'autres grands hommes, Platon, Isocrate, Gorgias, Ennius, ont supporté la vieillesse sans chagrin et sans affaiblissement.

VI. Examen des inconvénients attribués à la vieillesse. Premier inconvénient : Interdit-elle la vie active? — Non; il y a un genre d'activité qui convient aux vieillards, et bien des hommes très âgés ont rendu de grands services à leur patrie.

VII. La mémoire ne fait pas défaut aux vieillards qui l'exercent; ils conservent toute leur intelligence, s'ils font des efforts pour la garder. Exemples des poètes, des philosophes, des agriculteurs.

VIII. Le vieillard n'est pas à charge à autrui : il peut se faire aimer des jeunes gens, qui recherchent ses conseils; il n'est pas condamné à l'oisiveté.

IX. Examen du deuxième inconvénient : La vieillesse diminue t-elle les forces du corps? — Sans doute; mais elle laisse la pensée intacte, elle comporte une certaine éloquence, et permet d'instruire les jeunes gens. D'ailleurs, les désordres de la jeunesse sont le plus souvent la cause des infirmités de la vieillesse.

X. Exemple de Nestor. Caton lui-même, malgré ses quatre-vingt quatre ans, accomplit encore tous ses devoirs publics ou domestiques. Exemple de Masinissa.

XI. Les forces de la vieillesse suffisent aux travaux qui lui con viennent, et s'entretiennent par l'exercice. Exemples d'Appius Claudius et de Caton.

XII. Examen du troisième inconvénient : La vieillesse est-elle privée de plaisirs? — Si elle l'est en effet, elle est par là même exempte du plus grand des maux. Le plaisir est l'ennemi de la vertu.

XIII. La sagesse consiste à mépriser le plaisir. Du reste, la vieillesse a ses plaisirs, si elle sait se contenter de ceux qui lui conviennent.

XIV. La vieillesse n'est pas insensible au plaisir des festins, qui réunissent des amis et sont une occasion d'entretien. Il y a d'autres plaisirs qu'elle regarde d'un peu loin; mais elle se réserve les joies que procure la culture des sciences et des lettres.

XV. Les plaisirs de l'agriculture ne sont pas interdits au vieillard; la culture du blé, de la vigne, et tous les travaux des champs lui fournissent les plus agréables distractions.

XVI. Cette vie rustique a charmé la vieillesse d'un Curius, d'un Cincinnatus : elle comporte l'aisance et l'abondance de tous les biens.

XVII. Suite de l'éloge de l'agriculture. Exemple de Cyrus le Jeune et de plusieurs Romains illustres.

XVIII. La vieillesse, quand elle couronne toute une vie irréprochable, a pour privilège l'autorité : elle est respectée, et les égards dont elle est comblée valent bien les plaisirs qui lui sont refusés. Les défauts qu'on lui attribue viennent plutôt du caractère que de l'âge.

XIX. Examen du quatrième inconvénient : L'approche de la mort est-elle un tourment pour le vieillard? — La mort n'est jamais redoutable; elle n'épargne pas les jeunes gens; la vie est si courte que le terme en est toujours prochain. La mort du jeune homme est douloureuse; celle du vieillard est naturelle, comme la fin d'un voyage.

XX. La vie n'a pas de terme fixé; elle finit le mieux possible, quand la nature dissout d'elle-même les éléments qu'elle a agrégés. Il n'est pas permis de devancer ce jour sans de puissants motifs; il faut s'y préparer par une constante méditation, et s'affranchir des terreurs de la mort. Celui qui meurt vieux est rassasié de la vie et la quitte sans regret.

XXI. La mort n'est d'ailleurs que le commencement d'une vie meilleure, réservée à l'âme. C'est la croyance des plus grands philosophes, et il y a des raisons pour l'adopter.

XXII. Cyrus, à ses derniers moments, exprime à ses enfants sa confiance en une autre vie.

XXIII. Cette vie future est le but des efforts des grands hommes; ils ne poursuivraient pas la gloire, s'ils devaient n'en pas jouir après leur mort. Caton aspire après le jour où il ira retrouver ses amis et son fils. Si cet avenir lui manque, la mort n'en est pas pour cela plus redoutable.

M. TULLII CICERONIS

CATO MAJOR

DE SENECTUTE

AD T. POMPONIUM ATTICUM

.. Ce livre est écrit pour T. Pomponius Atticus, et Caton déjà vieux y parlera de la vieillesse.

1.   O Tite[1], si quid te adjuero[2] curamve levasso[3],
Quæ nunc te coquit et versāt[4] in pectore fixa,
Ecquid erit præmi[5]?

1. *O Tite.* Cet opuscule est dédié a *Titus* Pomponius Atticus, pour qui Cicéron avait une amitié bien connue. Ce nom de *Titus* est aussi celui de Quinctius Flamininus, à qui s'adresse cette apostrophe empruntée à Ennius, qui la met, selon toute vraisemblance, dans la bouche d'un berger épirote, comme on le verra plus bas.

2. *Adjŭero* est pour *adjūvero*, par l'omission du *v* entre les deux voyelles, comme dans *audĭit* pour *audivit*.

3. *Levasso*, forme archaïque pour *levavero*, comme plus bas, xx, 73, *faxit* pour *fecerit*.

4. *Versat,* comme *ponebāt*, qu'on trouve plus bas, IV, 10. Plusieurs exemples de cette quantité exceptionnelle se trouvent chez Plaute et même chez Virgile et Horace.

5. *Præmi*, contraction pour *præmii*. — Ces vers ne peuvent être compris si on ne rappelle ici un incident de la guerre entreprise par Flamininus contre Philippe. Le général romain trouva le roi fortement retranché dans une position inexpugnable qu'il ne pouvait ni emporter ni tourner. Pendant quarante jours il fut condamné à l'inaction et inquiet, comme le dit plus bas le vers d'Ennius, jour et nuit. Mais un chef

Licet enim mihi versibus eisdem affari te, Attice, quibus affatur Flamininum

Ille vir [1] haud magna cum re, sed plenŭs [2] fidei.

quanquam certo scio non, ut Flamininum,

Sollicitari te, Tite, sic noctesque diesque;

novi enim moderationem animi tui et æquitatem [3], tequ non cognomen [4] solum Athenis deportasse, sed humanitatem et prudentiam intelligo. Et tamen te suspicor eisdem rebus [5], quibus me ipsum, interdum gravius commoveri, quarum consolatio et major [6] est et in aliud tempus differenda. Nunc autem visum est mihi de senectute aliqui ad te conscribere.

2. Hoc enim onere, quod mihi commune tecum est [7], aut jam urgentis aut certe adventantis senectutis et te et me ipsum levari volo; etsi te quidem id modice ac sapienter, sicut omnia, et ferre et laturum esse certo scio : sed mihi, quum de senectute vellem aliquid scribere, tu occurrebas dignus eo munere [8], quo uterque nostrum

épirote, Charopus, trahissant Philippe, envoya à Flamininus un pauvre berger qui lui indiqua un sentier, et assura ainsi le succès de la guerre. C'est lui qui parle dans ces premiers vers : « Si je te tire de ce mauvais pas, dit il à peu près, que me donneras tu ? »

1. *Ille vir*, c.-à-d. le berger, qui etait pauvre mais qui tint sa parole.

2. *Plenŭs*, qui peut s'écrire *plenu*, pour expliquer la quantité de la dernière syllabe, archaïsme fréquent, au témoignage de Cicéron (*Orator*, XLVIII, 161), et qui se retrouve plus bas, v, 14 : *confectŭs*.

3. *Æquitatem*, le calme ; *moderationem*, l'empire sur soi même.

tous deux en opposition avec *sollicitari*.

4. *Cognomen*, le surnom d'Atticus, qui est devenu dans l'histoire le véritable nom de T. Pomponius.

5. *Eisdem rebus*, allusion aux événements politiques qui suivirent la mort de César, aux troubles suscités par Antoine.

6. *Major*, plus difficile. On se console plus difficilement des maux de la patrie, que du chagrin de vieillir.

7. *Tecum est.* Cicéron avait alors 63 ans, et Atticus 66.

8. *Eo munere*, « d'un travail qui devait profiter à tous les deux. »

communiter uteretur. Mihi quidem ita jucunda hujus libri confectio fuit, ut non modo omnes absterserit senectutis molestias, sed effecerit mollem etiam et jucundam senectutem. Nunquam igitur laudari satis digne philosophia poterit, cui qui pareat omne tempus ætatis [1] sine molestia possit degere.

3. Sed de ceteris [2] et diximus multa et sæpe dicemus : hunc librum ad te de senectute misimus [3]. Omnem autem sermonem tribuimus non Tithono [4], ut Aristo Ceus [5] parum enim esset auctoritatis in fabula — sed M. Catoni seni, quo majorem auctoritatem haberet oratio; apud quem [6] Lælium et Scipionem facimus admirantes, quod is tam facile senectutem ferat, eisque eum respondentem. Qui si eruditius videbitur disputare, quam consuevit ipse in suis libris, attribuito litteris Græcis, quarum constat eum perstudiosum fuisse in senectute. Sed quid opus est plura [7]? Jam enim ipsius Catonis sermo explicabit nostram omnem de senectute sententiam.

1. *Ætatis*, toutes les saisons de la vie.

2. *De ceteris*, des autres questions. Beaucoup des traités de philosophie de Cicéron étaient déjà composés ; mais il devait encore écrire plusieurs ouvrages : *sæpe dicemus*.

3. *Misimus* : « Je t'ai dédié », et non pas « Je t'ai envoyé. »

4. *Tithono*. Tithon, mari de l'Aurore, gratifié par elle de l'immortalité, ne fut pas exempt de vieillir et demanda la mort aux dieux, qui le changèrent en cigale.

5. *Aristo Ceus*. Ariston de Céos, philosophe péripatéticien, de l'école de Théophraste, dont il ne fut pas le disciple direct, n'est connu que par de brèves mentions de Cicéron et de quelques biographes grecs. On l'a parfois confondu avec Ariston de Chios, philosophe stoïcien, plus ancien d'un demi siècle, dont Ciceron a plus souvent parlé. Il est probable que le péripatéticien avait écrit un discours sur la vieillesse et qu'il avait chargé Tithon d'en décrire les tristesses.

6. *Apud quem*, chez lui, dans sa maison. Sur l'amitié de Lélius et du second Africain voir le *De amicitia*, XXVII.

7. *Plura*, sous-entendu *dicere*, ellipse du même genre que celles-ci: *Quid plura, ne plura, ne multa*.

II. Scipion et Lélius s'étonnant qu'il supporte si bien la vieillesse, Caton leur répond que toute sa sagesse consiste à obéir aux lois de la nature.

4. *Scipio.* Sæpenumero admirari soleo cum hoc C. Lælio quum ceterarum rerum tuam excellentem, M. Cato, perfectamque sapientiam, tum vel maxime[1], quod nunquam tibi senectutem gravem esse senserim, quæ plerisque senibus sic odiosa est, ut onus se Ætna gravius[2] dicant sustinere.

Cato. Rem haud sane, Scipio et Læli, difficilem admirari videmini : quibus enim nihil est in ipsis opis ad bene beateque vivendum, eis omnis ætas gravis est; qui autem omnia bona a se ipsis petunt, iis nihil potest malum videri, quod naturæ necessitas afferat[3]. Quo in genere est in primis senectus, quam ut adipiscantur omnes optant, eamdem accusant adepti[4] : tanta est stultitiæ inconstantia[5] atque perversitas. Obrepere aiunt eam citius quam putavissent. Primum quis coegit eos falsum[6] putare? Qui enim citius adolescentiæ senectus quam pueritiæ adolescentia obrepit? Deinde qui minus gravis esset iis senectus, si octingentesimum annum agerent, quam si octogesimum? præterita enim ætas, quamvis longa, quum effluxisset, nulla consolatio permulcere posset stultam senectutem.

1. *Vel maxime,* et tout particulièrement.
2. *Ætna gravius.* Euripide, dans l'*Hercule Furieux,* 638, se sert de la même comparaison : « La vieillesse, fardeau plus pesant que les rochers de l'Etna, pese sur ma tête. »
3. *Necessitas afferat.* Ces maximes sont des lieux communs de morale stoïcienne que Cicéron se plaît à reproduire assez souvent.
4. *Adepti,* leçon d'un manuscrit, au lieu de *adeptam,* qui s'explique aussi. Cicéron emprunte textuellement cette pensée au poète comique, Cratès, cité par Stobée.
5. *Inconstantia,* inconséquence
6. *Falsum,* une chose fausse.

5. Quocirca si sapientiam meam admirari soletis, — quæ utinam digna esset opinione vestra nostroque cognomine[1] ! — in hoc sumus sapientes, quod naturam optimam ducem tanquam deum sequimur eique paremus[2], a qua non verisimile est, quum ceteræ partes ætatis bene descriptæ sint, extremum actum tanquam ab inerti[3] poeta esse neglectum. Sed tamen necesse fuit esse aliquid extremum et, tanquam in arborum baccis terræque fructibus, maturitate tempestiva quasi vietum et caducum, quod ferendum est molliter[4] sapienti : quid est enim aliud Gigantum modo bellare cum dis nisi naturæ repugnare[5] ?

6. *Lælius.* Atqui, Cato, gratissimum nobis, ut etiam pro Scipione pollicear, feceris, si, quoniam speramus, volumus quidem certe senes fieri, multo ante a te didicerimus, quibus facillime rationibus ingravescentem ætatem ferre possimus.

Cato. Faciam vero, Læli, præsertim si utrique vestrum, ut dicis, gratum futurum est.

Lælius. Volumus sane, nisi molestum est, Cato, tanquam longam aliquam viam confeceris, quam nobis quoque ingrediendum sit, istuc[6], quo pervenisti. videre quale sit.

---

1. *Cognomine.* Caton était surnommé *le sage.* Lui et Lélius furent les seuls parmi les Latins qui reçurent ce titre.

2. *Paremus.* Vivre conformément a la nature, c'est le précepte le plus général de la morale des Stoïciens, qui d'ailleurs ne distinguent guère Dieu de la nature, *naturam tanquam deum.*

3. *Inerti* est pris ici dans son sens étymologique : *sine arte.*

4. *Molliter,* sans s'irriter.

5. *Repugnare.* Traduire en intervertissant les deux membres de la comparaison séparés par *nisi :* Se révolter contre la nature, n'est ce pas faire la guerre aux dieux ?

6. *Istuc* ou *istud*, le point que tu as atteint.

III. Les inconvénients de la vieillesse proviennent plutôt du caractère que de l'âge ; la culture de l'esprit et la pratique des vertus en sont les remèdes.

7. *Cato.* Faciam, ut potero, Læli : sæpe enim interfui querelis æqualium meorum — pares autem vetere proverbio cum paribus facillime congregantur[1] —, quæ C. Salinator, quæ Sp. Albinus[2], homines consulares, nostri fere æquales, deplorare solebant[3], tum quod voluptatibus carerent, sine quibus vitam nullam putarent, tum quod spernerentur ab iis, a quibus essent coli soliti ; qui mihi non id videbantur accusare, quod esset accusandum. Nam si id[4] culpa senectutis accideret, eadem mihi usu venirent reliquisque omnibus majoribus natu, quorum ego multorum cognovi senectutem sine querela, qui se et libidinum vinculis laxatos esse non moleste ferrent nec a suis despicerentur. Sed omnium istius modi querelarum in moribus est culpa, non in ætate[5] ; moderati enim et nec difficiles nec inhumani[6] senes tolerabilem

---

1. *Congregantur.* C'est notre proverbe : Qui se ressemble se rassemble. On le lit déjà dans Homère, *Odyssée*, XVII, 218 : .....τὸν ὁμοῖον ἄγει θεὸς ὡς τὸν ὁμοῖον.
2. *C. Salinator... Sp. Albinus.* De ces deux personnages, le premier fut consul en 188, l'autre en 186 av. J.-C. Tous deux sont contemporains de Caton.
3. *Quæ... deplorare solebant*, proposition qui sert à développer l'idée exprimée par *querelis :* ce sont les choses dont ils se plaignaient. La construction n'est pas absolument régulière. Dans *interfui* il y a l'idée de *audivi*, qui explique cette proposition.

4. *Id*, les maux dont ils se plaignent, désignés quelques mots après par *eadem.*
5. *In ætate.* Platon, que Cicéron suit de près dans ces réflexions générales, dit aussi que si quelques vieillards sont chagrins, la faute en est à leur caractère et non à la vieillesse : οὐ τὸ γῆρας, ἀλλ' ὁ τρόπος, (*République*, I, 329). Voir plus bas, XVIII, 65 : *Hæc morum vitia sunt, non senectutis.*
6. *Moderati... inhumani. Moderati*, s'ils ont la qualité désignée plus haut par *moderationem*, s'ils savent se gouverner ; de même *nec difficiles* rappelle *æquitas :* s'ils son*t* d'humeur facile, *inhumani*, ce sont

senectutem agunt, importunitas autem et inhumanitas omni ætati molesta [1] est.

8. *Lælius.* Est, ut dicis, Cato; sed fortasse dixerit quispiam tibi propter opes et copias et dignitatem [2] tuam tolerabiliorem senectutem videri, id autem non posse multis contingere.

Cato. Est istud quidem, Læli, aliquid, sed nequaquam in isto sunt omnia; ut Themistocles fertur Seriphio [3] cuidam in jurgio respondisse, quum ille dixisset non eum sua, sed patriæ gloria splendorem assecutum : « Nec hercule, inquit, si ego Seriphius essem, nec tu, si Atheniensis, clarus [4] unquam fuisses. » Quod eodem modo de senectute dici potest : nec enim in summa inopia levis esse senectus potest, ne sapienti quidem, nec insipienti etiam in summa copia non gravis.

9. Aptissima omnino sunt, Scipio et Læli, arma senectutis artes [5] exercitationesque virtutum, quæ in omni ætate cultæ, quum diu multumque vixeris [6], mirificos efferunt fructus, non solum, quia nunquam deserunt, ne extremo quidem tempore ætatis — quanquam id quidem maximum est —, verum etiam quia conscientia bene actæ vitæ multorumque bene factorum recordatio jucundissima est.

---

ceux qui sont dépourvus de bonté, *humanitas* (Voir ci-dessus, I, 1). Platon se sert de ces mots : κόσμιοι καὶ εὔκολοι (*République*, I, 329).

1. *Omni ætati molesta*, ces défauts sont une cause de chagrin pour tout âge, aussi bien pour les jeunes que pour les vieux, καὶ γῆρας, καὶ νιότης χαλεπὴ (molesta) τῷ τοιούτῳ ξυμβαίνει (Platon, *République*, I).

2. *Opes... dignitatem.* La puissance, la richesse, l'honneur. Platon dit seulement : διὰ τὸ πολλὴν οὐσίαν κεκτῆσθαι.

3. *Seriphio*, à un homme de Sériphe (aujourd'hui Serfo), une des plus petites Cyclades. L'anecdote est aussi empruntée à Platon, même passage, au début de *la République*.

4. *Clarus*, illustre, renommé; ὀνομαστός, dit Platon.

5. *Artes*, la culture de l'esprit; *quæ*, qui vient après, paraît ne désigner que les vertus.

6. *Diu multumque vixeris*, après une vie longue et bien remplie.

IV. Exemple de Quintus Maximus : il a rendu de grands services à la guerre et au Forum dans un âge avancé.

10. Ego Quintum Maximum[1] eum, qui Tarentum recepit, senem adolescens ita dilexi ut æqualem ; erat enim in illo viro comitate condita gravitas, nec senectus mores mutaverat : quanquam eum colere cœpi non admodum grandem natu, sed tamen jam ætate provectum ; anno enim post consul primum fuerat quam ego natus sum, cumque eo quartum consule adolescentulus miles ad Capuam profectus sum quintoque anno post ad Tarentum ; quæstor deinde quadriennio post factus sum, quem magistratum gessi consulibus Tuditano et Cethego, quum quidem ille admodum senex suasor legis Cinciæ[2] de donis et muneribus fuit. Hic et bella gerebat ut adolescens, quum plane grandis esset, et Hannibalem juveniliter exsultantem patientia[3] sua molliebat ; de quo præclare familiaris noster Ennius[4] :

Unus homo nobis cunctando restituit rem;
Nœnum[5] rumores ponebāt[6] ante salutem :
Ergo postque magisque[7] viri nunc gloria claret.

1. *Q. Maximum.* Le célèbre Fabius Cunctator, pour qui Caton avait une grande vénération. Il mourut en 203 avant J.-C., alors que Caton avait plus de trente ans.
2. *Legis Cinciæ.* La loi Cincia, ainsi nommée du tribun du peuple, M. Cincius Alimentus, qui la proposa en 204 av. J.-C. Elle interdisait aux orateurs de recevoir des honoraires pour leurs plaidoiries. Fabius l'approuva et la soutint publiquement (*suasor*).
3. *Patientia*, il traînait la guerre en longueur, et, par cette tactique prudente, il décourageait la fougue d'Hannibal.
4. *Ennius.* L'auteur des *Annales* fut amené à Rome par Caton, qui l'avait connu en Sardaigne en revenant d'Afrique.
5. *Nænum* ou *Nenum* (*ne unum*), forme archaïque de *non* ; beaucoup d'éditeurs y substituent : *non enim.*
6. *Ponebat.* Sur cette quantité exceptionnelle, voir I, 1, note. 4.
7. *Postque magisque*, sa gloire brille après lui, et plus encore maintenant : elle croît de jour en jour

11. Tarentum vero qua vigilantia, quo consilio recepit! Quum quidem, me audiente, Salinatori¹, qui amisso oppido fugerat in arcem, glorianti atque ita dicenti : « Mea opera, Quinte Fabi, Tarentum recepisti; » « Certe, inquit ridens; nam, nisi tu amisisses, nunquam recepissem. » Nec vero in armis præstantior quam in toga; qui consul iterum, Sp. Carvilio collega quiescente, C. Flaminio² tribuno plebis, quoad potuit, restitit, agrum Picentem³ et Gallicum viritim contra senatus auctoritatem dividenti; augurque quum esset⁴, dicere ausus est optimis auspiciis ea geri, quæ pro reipublicæ salute gererentur; quæ contra rempublicam ferrentur, contra auspicia ferri⁵.

12. Multa in eo viro præclara cognovi, sed nihil admirabilius quam quo modo ille mortem filii⁶ tulit, clari viri et consularis. Est in manibus laudatio⁷, quam quum legimus, quem philosophum non contemnimus? Nec vero

---

1. *Salinatori*. D'après Tite Live, ce n'est pas Salinator, mais M. Livius Macatus, qui dut abandonner Tarente et se réfugier dans la citadelle, qu'il garda jusqu'à la reprise de la ville par Fabius. Livius Salinator, consul en 207, détruisit, avec son collègue Néron, l'armée d'Hasdrubal sur les bords du Métaure. Ne pas le confondre avec le Salinator nommé plus haut, III, 7.

2. *C. Flaminio*. Flaminius est célèbre par son désastre au lac Trasimène, en 217 av. J.-C. Son plébiscite pour le partage des terres situées sur les frontières des Boïens l'avait rendu odieux aux patriciens.

3. *Agrum Picentem*. Partie N. du Picenum entre Ravenne et Ancône, habitée par les Gaulois Sénonais.

4. *Augurque quum esset*. Quoi qu'il fît partie du collège des augures, qui sans doute avaient jugé les auspices favorables à la proposition de Flaminius.

5. *Ferrentur* et *ferri* indiquent qu'il s'agit d'une loi : *legem ferre*, présenter une loi.

6. *Filii*. Ce fils était Q. Fabius Maximus, qui fut consul en 213 av. J.-C. et collègue de Sempronius Gracchus.

7. *Laudatio*. Plutarque raconte que Fabius prononça lui même au forum l'éloge funèbre de son fils et qu'il le publia. Cette harangue est dans nos mains, dit ici Caton ; et il ajoute qu'auprès d'elle les écrits des philosophes sont peu de chose.

ille in luce[1] modo atque in oculis civium magnus, sed intus domique[2] præstantior. Qui sermo, quæ præcepta ! quanta notitia antiquitatis, scientia juris augurii[3]! Multæ etiam, ut in homine Romano, litteræ : omnia memoria tenebat, non domestica solum, sed etiam externa bella[4]. Cujus sermone ita tum cupide fruebar, quasi jam divinarem id, quod evenit, illo exstincto fore unde discerem neminem.

V. D'autres grands hommes, Platon, Isocrate, Gorgias, Ennius, ont supporté la vieillesse sans chagrin et sans affaiblissement.

13. Quorsus igitur hæc tam multa de Maximo? quia profecto videtis[5] nefas esse dictu, miseram fuisse talem senectutem. Nec tamen omnes possunt esse Scipiones aut Maximi, ut urbium expugnationes, ut pedestres[6] navalesve pugnas, ut bella a se gesta, ut triumphos recordentur : est etiam quiete et pure atque eleganter[7] actæ

---

1. *In luce*, en pleine lumière, en public.
2. *Intus domique*, dans l'intérieur de sa maison; cette expression equivaut à *intra domum*.
3. *Juris augurii*. Le droit augural, comprenant les prescriptions à suivre pour prendre les auspices et le détail des attributions assignées aux augures. Ces règles ne furent peut être jamais écrites : la tradition les conservait.
4. *Domestica...bella*. Quelles sont ces guerres domestiques? Il ne peut être question du temps de Caton des guerres civiles. Ce sont sans doute les guerres faites sur le territoire de la république contre des envahisseurs; mais le sens est forcé, et il est difficile de ne pas croire que le mot *bella* soit une addition d'un copiste. Si on le retranche, on rétablit l'ensemble de la pensée : Il était très lettré, pour un Romain : il savait par cœur non seulement l'histoire de notre patrie, mais encore celle des autres peuples.
5. *Quia videtis*. Pourquoi parler si longuement de Maximus? Voilà la question posée par Caton. Il semblerait qu'il dût répondre : c'est pour vous faire voir, *ut videatis*. *Quia* peut néanmoins s'expliquer : « C'est que par là vous voyez, etc. » Voir plus bas, xii, 42.
6. *Pedestres* équivaut ici à *terrestres*.
7. *Eleganter* est pris ici dans un sens moral peu distinct de celui de *pure*: une vie honorable, correcte.

ætatis placida ac lenis senectus, qualem accepimus Platonis, qui uno et octogesimo anno scribens est mortuus¹; qualem Isocratis, qui eum librum, qui Panathenaicus² inscribitur, quarto et nonagesimo anno scripsisse se dicit vixitque quinquennium postea; cujus magister Leontinus Gorgias centum et septem complevit annos neque unquam in suo studio atque opere³ cessavit; qui, quum ex eo quæreretur, cur tam diu vellet esse in vita, « Nihil habeo, inquit, quod accusem senectutem » : præclarum responsum et docto homine⁴ dignum.

14. Sua enim vitia insipientes et suam culpam⁵ in senectutem conferunt; quod non faciebat is, cujus modo mentionem feci, Ennius :

> Sicut fortis equus, spatio qui sæpe supremo⁶
> Vicit Olympia⁷, nunc senio confectūs quiescit.

Equi fortis et victoris senectuti comparat suam; quem quidem probe meminisse potestis : anno enim undevicesimo post ejus mortem hi consules⁸, T. Flamininus et M'. Acilius, facti sunt; ille autem Cæpione et Philippo iterum consulibus mortuus est, quum ego quinque et sexaginta annos natus legem Voconiam⁹ magna voce et

---

1. *Scribens est mortuus*, tradition assez incertaine : les uns rapportent qu'il mourut en corrigeant son livre *de la République*; les autres, au milieu d'un festin.

2. *Panathenaicus*. Isocrate dit en effet au début de son ouvrage Παναθηναϊκός, composé pour les Panathénées et connu sous le nom de *Panégyrique*, qu'il a « quatre-vingt quatorze ans ».

3. *Studio atque opere*, l'étude et le travail, c'est a dire le travail de l'étude. Gorgias était à la fois écrivain, orateur, professeur

4. *Docto homine.* On est habitué à appeler Gorgias d'un nom qui a un sens fâcheux, le sophiste. Cicéron est plus juste pour lui.

5. *Suam culpam*, ils imputent à la vieillesse ce qui est de leur faute.

6. *Spatio supremo*, au bout de la carrière, là où se trouve le but.

7. *Vicit Olympia*, hellénisme, Ὀλύμπια νικᾶν. Ces deux vers sont empruntés aux *Annales* d'Ennius.

8. *Hi consules*, les consuls actuels.

9. *Legem Voconiam*. Le tribun Voconius Saxa fit adopter en 169,

bonis lateribus suasissem. Annos septuaginta natus —
tot enim vixit —, Ennius ita ferebat duo quæ maxima
putantur onera, paupertatem et senectutem, ut eis pæne
delectari videretur.

15. Etenim, quum complector animo, quatuor reperio
causas cur senectus misera videatur : unam, quod avocet
a rebus gerendis; alteram, quod corpus faciat infirmius;
tertiam, quod privet omnibus fere voluptatibus; quartam,
quod haud procul absit a morte. Earum, si placet[1],
causarum quanta quamque sit justa unaquæque videamus.

VI. Examen des inconvénients attribués à la vieillesse. Premier inconvénient : Interdit-elle la vie active? — Non; il y a un genre d'activité qui convient aux vieillards, et bien des hommes très âgés ont rendu de grands services à leur patrie.

« A rebus gerendis[2] senectus abstrahit. » Quibus? an
iis, quæ juventute geruntur et viribus[3]? Nullæne igitur
res sunt seniles, quæ vel infirmis corporibus animo tamen administrentur? Nihil ergo agebat Q. Maximus,
nihil L. Paulus[4], pater tuus, socer optimi viri, filii mei?

avec l'aide de Caton, une loi pour réduire la part d'héritage des femmes, et limiter la quotité des legs qui pouvaient leur être faits.

1. *Si placet*, si vous le voulez bien. — L'examen des quatre inconvénients énumérés ici et attribués à la vieillèsse sera l'objet du traité tout entier.

2. *A rebus gerendis*, elle éloigne de l'activité, des affaires privées ou publiques.

3. *Juventute et viribus*, les forces de la jeunesse, exemple d'un procédé de style très fréquent chez Cicéron. De même un peu plus bas *pacem fœdusque*, un traité de paix.

4. *L. Paulus*, Paul Émile, père du second Africain qui passa par adoption dans la famille des Scipions. Les autres personnages cités, Fabricius, Curius Dentatus, Appius Claudius, sont bien connus; Coruncanius est un jurisconsulte. Cicéron aime à repeter ces noms, et on les trouve invoqués, avec quelques autres, dans beaucoup de ses ouvrages. Il semble que l'histoire romaine ne lui a pas fourni le moyen de varier ses exemples

Ceteri senes, Fabricii, Curii, Coruncanii, quum rempublicam consilio et auctoritate defendebant, nihil agebant?

16. Ad Appii Claudii senectutem accedebat etiam ut cæcus esset : tamen is, quum sententia senatus inclinaret ad pacem cum Pyrrho fœdusque faciendum, non dubitavit dicere illa, quæ versibus persecutus est Ennius

> Quo vobis mentes, rectæ quæ stare solebant
> Antehac, dementes sese flexere viai [1]?

ceteraque gravissime : notum enim vobis carmen est; etiam ipsius Appii exstat oratio. Atque hæc ille egit septimo decimo anno post alterum consulatum, quum inter duos consulatus anni decem interfuissent censorque ante superiorem consulatum fuisset; ex quo intelligitur, Pyrrhi bello grandem sane fuisse : et tamen [2] sic a patribus accepimus.

17. Nihil igitur afferunt, qui in re gerenda versari senectutem negant, similesque sunt, ut si [3] qui gubernatorem in navigando nihil agere dicant, quum alii malos scandant, alii per foros cursent, alii sentinam exhauriant, ille [4] clavum tenens quietus sedeat in puppi : non facit ea, quæ juvenes, at vero majora et meliora facit. Non viribus aut velocitate aut celeritate [5] corporum res ma-

---

1. *Viai.* Ce génitif archaïque doit se construire avec *quo.* Remarquer *mentes dementes,* rapprochement de mots de même origine, que les rhéteurs appellent *oxymoron.*

2. *Et tamen,* etc. Caton calcule l'âge que devait avoir Appius lors de la guerre de Pyrrhus : il faut reconnaître qu'il était déjà très âgé, et *pourtant* les faits sont constants, attestés par l'histoire. On a proposé de lire : *et etiam.*

3. *Similes.,. ut si.* Façon de parler qui n'est ni naturelle ni même correcte. Les mots *similes sunt* ont peut-être été interpolés : ils peuvent être supprimés.

4. *Ille,* c'est à dire le pilote, est il aussi le sujet de *facit*? Le pilote est il nécessairement vieux ? N'est il pas plus logique de supposer l'ellipse de *senectus*?

5. *Velocitate aut celeritate.* Le premier de ces mots s'applique

gnæ geruntur, sed consilio, auctoritate, sententia; quibus non modo non orbari, sed etiam augeri senectus solet.

18. Nisi forte ego vobis, qui et miles et tribunus et legatus et consul versatus sum in vario genere bellorum, cessare nunc videor, quum bella non gero; at senatui quæ sint gerenda [1] præscribo et quo modo : Carthagini male jam diu cogitanti [2] bellum multo ante denuntio [3], de qua vereri non ante desinam quam illam excisam esse cognovero.

19. Quam palmam utinam di immortales, Scipio, tibi reservent, ut avi reliquias persequare [4]! cujus a morte sextus hic et tricesimus annus est, sed memoriam illius viri omnes excipient anni consequentes [5]. Anno ante me censorem mortuus est, novem annis post meum consulatum, quum consul iterum me consule creatus esset [6] : num igitur, si ad centesimum annum vixisset, senectutis eum suæ pæniteret? Nec enim excursione nec saltu nec eminus hastis aut cominus gladiis uteretur, sed consilio, ratione, sententia : quæ nisi essent in senibus, non summum consilium majores nostri appellassent senatum

20. Apud Lacedæmonios quidem ii, qui amplissimum magistratum gerunt, ut sunt, sic etiam nominantur senes [7].

surtout à la course, l'autre à tous les mouvements.

1. *Gerenda*, les guerres qu'il faut faire.
2. *Male cogitanti*, qui a de mauvais desseins.
3. *Multo ante denuntio*, je lui déclare d'avance la guerre. Les mots qui terminaient toutes les harangues de Caton, *delenda Carthago*, ont passé dans la langue pour exprimer une idée fixe et dominante.
4. *Persequare.* « Pour que tu termines la tâche que ton aïeul a laissée inachevée, *reliquias.* »
L'adoption avait fait du fils de Paul Émile le petit fils du premier Africain. Le vœu de Caton devait s'accomplir trois ans plus tard.

5. *Consequentes*. Cet éloge du premier Scipion eût peut être coûté à Caton, qui fut son ennemi et qui, suivant l'expression de Tite Live, *allatrare ejus magnitudinem so litus erat.*
6. *Creatus esset.* Il paraît y avoir quelques légères erreurs dans cette chronologie.
7. *Nominantur senes.* Le Sénat de Sparte se composait de vingt-

DIALOGUS. 27

Quod si legere aut audire voletis externa, maximas respublicas ab adolescentibus labefactatas, a senibus sustentatas et restitutas reperietis.

Cedo, qui vestram rempublicam tantam amisistis tam cito?

sic enim percontantur, ut est in Nævii poetæ[1] Ludo ; respondentur et alia et hoc in primis :

> Proveniebant oratores novi, stulti adulescentuli;

temeritas est videlicet florentis ætatis, prudentia senescentis.

VII. La mémoire ne fait pas défaut aux vieillards qui l'exercent; ils conservent toute leur intelligence, s'ils font des efforts pour la garder. Exemples des poètes, des philosophes, des agriculteurs.

21. « At memoria minuitur[2]. » Credo, nisi eam exerceas, aut etiam si sit natura tardior[3]. Themistocles omnium civium perceperat[4] nomina : num igitur censetis eum, quum ætate processisset, qui Aristides esset, Lysima

---

huit membres, tous ayant dépassé soixante ans ; ils s'appelaient naturellement γέροντες et leur assemblée γερουσία. A Rome peu à peu la limite d'âge s'abaissa, et il y eut, malgré l'opposition des mots, de jeunes sénateurs.

1. *Nævii poeta*. Nævius, né en Campanie dans la première moitié du troisième siècle avant J. C., composa des tragédies et des comédies, et un poème épique, *la Guerre Punique*, dont il reste quelques fragments. Le mot *luco* désigne-t-il le titre d'une de ses pièces? On peut le conjecturer sans l'affirmer.

2. *At memoria minuitur*. C'est une objection, et une objection sérieuse : si la mémoire s'affaiblit, la vie active, c'est à dire, pour Cicéron, la vie publique, devient impossible. L'auteur conteste cet effet de l'âge. Ses arguments ne sont que des exemples, et ses exemples des exceptions.

3. *Tardior* s'applique ici à la mémoire : « si elle est naturellement peu active. »

4. *Perceperat*. Thémistocle savait par cœur les noms de tous les citoyens. Cicéron suppose assez gratuitement que sa mémoire ne s'af

chum [1] salutare solitum? Equidem non modo eos novi qui sunt, sed eorum patres etiam et avos; nec sepulcr legens vereor, quod aiunt [2], ne memoriam perdam; his enim ipsis legendis in memoriam redeo mortuorum. Nec vero quemquam senem audivi oblitum [3], quo loco thesaurum obruisset : omnia quæ curant meminerunt, vadimonia [4] constituta, qui sibi, cui ipsi debeant [5].

22. Quid juris consulti, quid pontifices, quid augures, quid philosophi senes ? quam multa meminerunt ! manent ingenia senibus, modo permaneat studium et industria, neque ea solum in claris [6] et honoratis viris, sed in vita etiam privata et quieta. Sophocles ad summam senectutem tragœdias fecit : quod propter studium quum rem negligere familiarem videretur, a filiis in judicium vocatus est, ut, quemadmodum nostro more [7] male rem gerentibus patribus bonis interdici solet, sic illum quasi desipientem a re familiari removerent judices : tum se nex dicitur eam fabulam, quam in manibus habebat [8] et proxime scripserat, OEdipum Coloneum, recitasse judicibus quæsisseque, num illud carmen desipientis vide-

faiblit pas vers la fin de sa vie, qui dura 64 ans.

1. *Lysimachum*, nom du père d'Aristide.

2. *Quod aiunt.* « Suivant le proverbe. » C'était un dicton qu'on perd la mémoire en lisant les epitaphes. L'étude des inscriptions funéraires etait utile à Caton pour la composition de son livre *des Origines*. Voir XI, 38, note 2.

3. *Oblitum*. Montaigne, qui conteste cette observation de Cicéron, assure « qu'il lui est advenu plus d'une fois d'oublier où il avait caché sa bourse ».

4. *Vadimonia.* « Le jour des assignations » On s'engageait, en donnant caution, à comparaître devant la justice au jour fixé.

5. *Debeant*. « Leurs créances et leurs dettes. »

6. *Claris*, les hommes en vue, les hommes d'Etat ; *honoratis*, revêtus des honneurs publics, c'est à dire, des magistratures.

7. *Nostro more*. La loi des Douze Tables donne à la famille le droit de réclamer l'interdiction d'un père qui dissipe son patrimoine, *male rem gerentibus*, s'il est fou, dit le texte, *si furiosus escit* (pour *erit*).

8. *In manibus habebat*, qu'il avait encore sous la main, qu'il avait à peine achevé, *proxime scripserat*.

retur; quo recitato sententiis judicum est liberatus [1].

23. Num igitur hunc, num Homerum, num Hesiodum, Simonidem, Stesichorum [2], num quos ante dixi, Isocratem, Gorgiam, num philosophorum principes, Pythagoram, Democritum, num Platonem, num Xenocratem, num postea Zenonem, Cleanthem aut eum, quem vos etiam vidistis Romæ [3], Diogenem Stoicum, coegit in suis studiis obmutescere senectus? an [4] in omnibus his studiorum agitatio vitæ æqualis fuit?

24. Age, ut ista divina studia omittamus, possum nominare ex agro Sabino rusticos Romanos, vicinos et familiares meos [5], quibus absentibus nunquam fere ulla in agro majora opera fiunt, non serendis, non percipiendis, non condendis fructibus. Quanquam in his [6] minus hoc mirum est; nemo enim est tam senex qui se annum non putet posse vivere; sed idem in eis elaborant, quæ sciunt nihil ad se omnino pertinere [7] :

Serit arbores, quæ alteri sæclo [8] prosint,

ut ait Statius [9] noster in Synephebis.

1. *Liberatus.* Cette anecdote si connue n'est peut être qu'une légende.

2. *Stesichorum.* L'histoire ne nous a rien transmis de certain sur Homère, ni sur Hésiode. Simonide et Stésichore, dont la vie est plus connue, paraissent avoir atteint une extrême vieillesse : il n'est pas sûr qu'elle n'ait rien enlevé à leur génie. On peut en dire à peu près autant des philosophes dont les noms suivent.

3. *Vidistis Romæ.* Diogène le Stoïcien faisait partie de la célèbre ambassade envoyée à Rome par les Athéniens en 156 av. J. C. Caton peut d'autant mieux parler de lui qu'il contribua à le faire congédier avec ses collègues Critolaus et Carnéade. Ils étaient restés assez longtemps à Rome pour y introduire le goût de la philosophie, alors détestée de Caton.

4. *An* équivaut ici à *nonne*, comme plus haut, vi, 15, et en beaucoup de cas.

5. *Familiares meos.* Caton indique par là que ce sont des vieillards.

6. *In his*, quand il s'agit de ces travaux annuels.

7. *Pertinere :* ils n'ont pas d'intérêt personnel à ces autres travaux.

8. *Alteri sæclo*, à l'autre génération.

9. *Statius.* Cécilius Statius, poète comique, mort en 168 av

25. Nec vero dubitat agricola, quamvis sit senex, quærenti, cui serat, respondere : « Dis immortalibus, qui me non accipere modo hæc a majoribus voluerunt, sed etiam posteris prodere. »

VIII. Le vieillard n'est pas à charge à autrui : il peut se faire aimer des jeunes gens, qui recherchent ses conseils ; il n'est pas condamné à l'oisiveté.

Et melius Cæcilius de sene alteri sæculo prospiciente quam illud idem [1] :

>Edepol, senectus, si nil quicquam aliud viti
>Apportes tecum, quum advenis, unum id sat est,
>Quod diu vivendo multa quæ non vult videt [2] ;...

et multa fortasse, quæ vult ! atque in ea, quæ non vult, sæpe etiam adolescentia incurrit. Illud vero idem Cæcilius vitiosius :

>Tum equidem in senecta hoc deputo miserrimum,
>Sentire ea ætate ipsum esse odiosum alteri.

26. Jucundum potius quam odiosum ! Ut enim adolescentibus bona indole præditis sapientes senes delectantur, leviorque fit senectus eorum, qui a juventute coluntur et diliguntur [3], sic adolescentes senum præ

J. C., traducteur des *Synéphèbes* (compagnons de jeunesse) de Ménandre. — Virgile a exprimé la même idée : « Insere, Daphni, piros ; carpent tua poma nepotes. » Et La Fontaine a dit : « Mes arrière neveux me devront cet ombrage. »

1. *Quam illud idem.* Statius vient d'être loué pour une belle pensée : celles qui suivent ne seront pas approuvées.

2. *Videt.* Le sujet de ce verbe n'est pas exprimé ; il est implicite ment contenu dans *diu vivendo :* en vivant longtemps, c. à d. celui qui vit longtemps. La même pensée est dans Hérodote. Une longue vie, dit Solon à Crésus, force à voir ce qu'on ne veut pas, et à endurer bien des maux. La citation est empruntée à une pièce imitée de Ménandre, intitulée *Plocius*, et perdue comme les autres.

3. *Coluntur et diliguntur.* Le premier de ces verbes exprime la déférence, et l'autre l'affection.

ceptis gaudent, quibus ad virtutum studia ducuntur; nec minus intelligo me vobis quam mihi vos esse jucundos. Sed videtis, ut[1] senectus non modo languida atque iners non sit, verum etiam sit operosa et semper agens aliquid et moliens, tale scilicet, quale cujusque studium in superiore vita fuit. Quid? qui etiam addiscunt aliquid? Ut et Solonem[2] versibus gloriantem videmus, qui se quotidie aliquid addiscentem dicit senem fieri, et ego feci, qui litteras Græcas senex didici[3], quas quidem sic avide arripui quasi diuturnam sitim explere cupiens, ut ea ipsa mihi nota essent, quibus me nunc exemplis uti videtis; quod quum fecisse Socratem in fidibus audirem, vellem equidem etiam illud — discebant enim fidibus[4] antiqui[5] —, sed in litteris certe elaboravi.

IX. Examen du deuxième inconvénient: La vieillesse diminue t-elle les forces du corps? — Sans doute; mais elle laisse la pensée intacte, elle comporte une certaine éloquence, et permet d'instruire les jeunes gens. D'ailleurs les désordres de la jeunesse sont, le plus souvent, la cause des infirmités de la vieillesse.

27. Nec nunc quidem[6] vires desidero adolescentis — is enim erat locus alter[7] de vitiis senectutis —, non plus, quam adolescens tauri aut elephanti desiderabam:

1. *Videtis ut*, vous voyez comment, combien, comme. Cet emploi de *ut* se retrouve plus bas, x, 31, et ailleurs chez Cicéron.

2. *Et Solonem*. Plutarque cite cette pensée de Solon, exprimée dans un vers: En vieillissant je continue à m'instruire (*Solon*, xxxi). Cicéron la rappelle plus bas, xiv, 50.

3. *Senex didici*. Caton avait probablement plus de 70 ans quand il se mit à étudier le grec. Plutar-

que l'appelle avec raison ὀψιμαθής.

4. *Discebant fidibus*, ils apprenaient à jouer de la lyre. *Fidibus* est à l'ablatif.

5. *Antiqui* ne peut guère s'appliquer aux Romains, mais plus vraisemblablement aux Grecs.

6. *Nunc quidem*. Ne pas séparer ces deux adverbes, et joindre *nec* a *desidero* : Pour le moment, je ne regrette pas, etc.

7. *Locus alter*, le second point.

quod est, eo decet uti¹, et quicquid agas agere pro viribus. Quæ enim vox potest esse contemptior quam Milonis Crotoniatæ²? qui, quum jam senex esset athletasque se exercentes in curriculo videret, aspexisse lacertos suos dicitur illacrimansque dixisse: « At³ hi quidem mortui jam sunt. » Non vero tam isti quam tu ipse, nugator! neque enim ex te⁴ unquam es nobilitatus, sed ex lateribus et lacertis tuis. Nihil Sex. Ælius⁵ tale, nihil multis annis ante Ti. Coruncanius, nihil modo P. Crassus⁶, a quibus jura civibus præscribebantur, quorum usque ad extremum spiritum est provecta prudentia.

28. Orator metuo ne languescat senectute; est enim munus ejus non ingenii solum, sed laterum etiam et virium : omnino⁷ canorum illud in voce splendescit etiam nescio quo pacto in senectute, quod equidem adhuc⁸ non amisi, et videtis annos; sed tamen⁹ est decorus senis sermo quietus et remissus, facitque persæpe ipsa sibi audientiam diserti senis composita et mitis oratio¹⁰; quam si ipse exsequi nequeas, possis tamen

---

1. *Quod est, eo decet uti*, il convient de se servir de ce qu'on a.

2. *Crotoniatæ*. L'athlète Milon, dont le nom est si souvent répété et dont la mort a inspiré plus d'une œuvre de peinture et de statuaire.

3. *At*. Cette particule exprime ici la douleur et l'étonnement : « Mais ils sont déjà morts! »

4. *Ex te*... la gloire, tu ne l'as jamais due à toi même, etc. Ce mépris de la force physique n'est pas commun dans l'antiquité.

5. *Sex. Ælius*, consul en 198 av. J. C., surnommé *Catus*, l'avisé, à cause de son habileté à interpréter les lois.

6. *P. Crassus*, consul en 205, mort en 183 av. J. C. Cicéron parle encore de lui plus bas, XIV, 50, et XVII, 61. C'était, comme les deux précédents, un jurisconsulte : tous conservèrent, paraît il. jusqu'à un âge très avancé la rectitude du jugement, *prudentia*.

7. *Omnino*, « sans doute. »

8. *Adhuc*, « jusqu'à présent. »

9. *Sed tamen*, mais d'ailleurs, mais en tout cas, c'est à dire, quand même la sonorité de la voix ferait défaut.

10. *Composita et mitis oratio*, un langage calme et sans véhémence.

Scipioni præcipere et Lælio[1]. Quid enim est jucundius senectute stipata studiis juventutis?

29. An ne eas quidem vires senectuti relinquimus, ut adolescentes doceat, instituat, ad omne officii munus instruat? Quo quidem opere quid potest esse præclarius? Mihi vero et Cn. et P. Scipiones[2] et avi tui duo, L. Æmilius et P. Africanus[3], comitatu nobilium juvenum fortunati videbantur, nec ulli bonarum artium magistri non beati putandi, quamvis consenuerint vires atque defecerint : etsi ipsa ista defectio virium adolescentiæ vitiis efficitur sæpius quam senectutis ; libidinosa enim et intemperans adolescentia effetum corpus tradit senectuti.

30. Cyrus quidem apud Xenophontem[4] eo sermone, quem moriens habuit, quum admodum senex esset, negat se unquam sensisse senectutem suam imbecilliorem factam quam adolescentia fuisset. Ego L. Metellum[5] memini puer[6], qui, quum quadriennio post alterum consulatum pontifex maximus factus esset, viginti duos annos ei sacerdotio præfuit, ita bonis esse viribus extremo tempore ætatis, ut adolescentiam non requireret. Nihil necesse est mihi de me ipso dicere, quanquam est id quidem senile ætatique nostræ conceditur.

---

1. *Scipioni et Lælio*, compliment à l'adresse des deux interlocuteurs : à des jeunes gens intelligents et laborieux comme vous...

2. *Scipiones*, le père et l'oncle du premier Africain. Tous deux périrent pendant la deuxième guerre punique, à un mois de distance, en 212. Voir plus bas, XXIII, 82.

3. *L. Æmilius et P. Africanus.* Les deux aïeuls du second Scipion, le premier par nature et l'autre par adoption.

4. *Apud Xenophontem.* « Je ne me suis jamais senti plus faible dans ma vieillesse, que je ne l'étais étant jeune. » Ainsi parle Cyrus, au moment de mourir, *moriens*, *Cyropedie*, VIII, 7, 6. Cicéron reproduit son discours, XXII, 79.

5. *L. Metellum*, consul en 251, et en 247, vainqueur d'Hasdrubal a Panorme. Voir plus bas, XVII, 61.

6. *Memini puer.* J'ai connu Métellus dans mon enfance, et je me souviens que, etc.

X. Exemple de Nestor. Caton lui-même, malgré ses quatre-vingt quatre ans, accomplit encore tous ses devoirs publics ou domestiques. Exemple de Masinissa.

31. Videtisne ut [1] apud Homerum sæpissime Nestor de virtutibus suis prædicet? Tertiam enim jam ætatem hominum vivebat, nec erat ei verendum ne vera prædicans de se nimis videretur aut insolens aut loquax; etenim, ut ait Homerus, ex ejus lingua melle dulcior fluebat oratio[2], quam ad suavitatem nullis egebat corporis viribus : et tamen dux ille Græciæ nusquam optat ut Ajacis similes habeat decem[3], sed ut Nestoris, quod si sibi acciderit, non dubitat quin brevi sit Troja peritura.

32. Sed redeo ad me : quartum ago annum et octogesimum ; vellem equidem idem possem gloriari quod Cyrus, sed tamen[4] hoc queo dicere, non me quidem iis esse viribus, quibus aut miles bello Punico aut quæstor eodem bello aut consul in Hispania fuerim aut quadriennio post, quum tribunus militaris depugnavi apud Thermopylas M'. Glabrione consule; sed tamen, ut vos videtis, non plane me enervavit[5], non afflixit senectus ; non curia vires meas desiderat, non rostra[6], non amici,

---

1. *Videtisne ut.* Voir plus haut, viii, 26, page 31, note 1.
2. *Melle dulcior fluebat oratio.* Traduction d'un vers d'Homère, *Iliade*, 1, 249.
3. *Similes habeat decem.* « O Jupiter, notre père, Athéné et Apollon, faites que j'aie pour m'aider dix hommes semblables à lui! » Paroles d'Agamemnon. (Homère, *Iliade*, ii, 371.)

4. *Sed tamen.* Mais au moins; répété par négligence quatre lignes plus bas.
5. *Enervavit.* La logique eût exigé une proposition infinitive, faisant suite à celle-ci : *non me quidem eis esse viribus*, etc. ; mais la phrase, en se développant, s'est divisée et n'en est que plus libre.
6. *Rostra.* La tribune du Forum; *curia*, le palais du sénat

non clientes, non hospites. Nec enim unquam sum assensus veteri illi laudatoque proverbio, quod monet, mature fieri senem[1], si diu velis senex esse[2] : ego vero me minus diu senem esse mallem quam esse senem antequam essem ; itaque[3] nemo adhuc[4] convenire me voluit cui fuerim occupatus.

33. At minus habeo virium quam vestrum utervis. Ne vos quidem[5] T. Pontii centurionis vires habetis : num idcirco est ille præstantior? Moderatio modo virium[6] adsit et tantum quantum potest quisque nitatur : ne ille non[7] magno desiderio tenebitur virium. Olympiæ per stadium ingressus esse Milo dicitur, quum humeris sus tineret bovem[8] : utrum igitur has corporis an Pythagoræ tibi malis vires ingenii dari? Denique isto bono[9] utare, dum adsit; quum absit, ne requiras, nisi forte adolescentes pueritiam, paulum ætate progressi adolescentiam debent requirere. Cursus est certus ætatis et una via naturæ eaque simplex, suaque cuique parti ætatis tempestivitas est data, ut et infirmitas puerorum

1. *Monet...fieri senem.* On trouve des exemples fréquents de l'emploi de la proposition infinitive apres *mo nere* et *hortari.*

2. *Senex esse.* Ce proverbe a un sens très plausible. Cicéron le critique en jouant sur les mots Montaigne dit comme lui : « J'aime mieux estre moins longtemps vieil que d'estre vieil avant que de l'estre. » Mais il ajoute à propos de cette phrase que « Cicéron mêle parfois bien rudement ses nombres ».

3. *Itaque,* etc. Cette phrase continue la pensée exprimée un peu plus haut : *Non curia vires meas desiderat, non clientes; non hospites.*

4. *Adhuc,* jusqu'à présent ; *cui fuerim occupatus,* que je n'aie pas eu le temps de recevoir.

5. *Ne vos quidem,* vous non plus.

6. *Moderatio virium,* un sage emploi de ses forces.

7. *Ne ille non,* etc. *Ne* ou *næ,* particule affirmative; *ille* représente *quisque.*

8. *Bovem.* S'il faut en croire Athénée, non seulement Milon fit le tour du stade en portant sur ses épaules un bœuf de trois ans; mais encore il le mangea dans un seul jour.

9. *Isto bono.* Les forces physiques sont un bien, mais ne valent pas les forces de l'esprit.

et ferocitas juvenum et gravitas jam constantis ætatis[1] et senectutis maturitas naturale quiddam habeat, quod suo tempore percipi debeat[2].

34. Audire te arbitror[3], Scipio, hospes tuus avitus Masinissa[4] quæ faciat hodie nonaginta natus annos : quum ingressus iter pedibus sit, in equum omnino non ascendere, quum autem equo, ex equo non descendere; nullo imbri, nullo frigore adduci ut capite operto sit ; summam esse in eo corporis siccitatem[5], itaque omnia exsequi regis officia et munera[6]. Potest igitur exercitatio et temperantia etiam in senectute conservare aliquid pristini roboris.

XI. Les forces de la vieillesse suffisent aux travaux qui lui conviennent, et s'entretiennent par l'exercice. Exemples d'Appius Claudius et de Caton.

Ne sint in senectute vires[7] : ne postulantur quidem[8] vires a senectute. Ergo et legibus et institutis vacat ætas nostra muneribus iis, quæ non possunt sine viribus sus-

1. *Constantis ætatis*, l'âge viril, la période de la vie où l'on cesse de changer, où l'on est un homme fait. Expression répétée plus bas, xx, 76, et identifiée avec *media ætas*.

2. *Percipi debeat*, c'est un fruit qu'il faut cueillir en sa saison, *tempestivitas*.

3. *Audire te arbitror*, on t'a dit sans doute, etc.

4. *Masinissa*. Ce roi de Numidie était l'hôte du premier Africain, et c'est chez lui que Cicéron a placé la vision du *Songe de Scipion*.

5. *Corporis siccitatem*, un corps sec et nerveux. Siccitas exprime à la fois l'absence d'humeurs et d'embonpoint : « C'est le résultat d'un régime sobre, » dit ail leurs Cicéron, *consequitur continentiam in victu*.

6. *Officia et munera*. Une seule idée en deux mots. On a vu plus haut *officii munus*, la pratique du devoir; expression répétée deux fois encore plus bas, ch. xi, 35, et xx, 72.

7. *Ne sint... vires...* Admettons que la vieillesse soit sans force, qu'on ne puisse être vieux et vigoureux.

8. *Ne quidem*. Les forces n'existant pas, elles ne sont pas non plus nécessaires. Voir p. 35, note 5.

tineri¹; itaque non modo quod non possumus, sed ne quantum possumus quidem cogimur².

35. « At³ multi ita sunt imbecilli senes, ut nullum officii aut omnino vitæ munus exsequi possint. » At id quidem non proprium senectutis vitium est, sed commune valetudinis. Quam fuit imbecillus P. Africani filius is, qui te adoptavit, quam tenui aut nulla potius valetudine ! Quod ni ita fuisset, alterum illud exstitisset lumen⁴ civitatis; ad paternam enim magnitudinem animi doctrina uberior accesserat. Quid mirum igitur in senibus, si infirmi sunt aliquando, quum id ne adolescentes quidem effugere possint? Resistendum, Læli et Scipio, senectuti est ejusque vitia diligentia compensanda sunt; pugnandum tanquam contra morbum, sic contra senectutem.

36. Habenda ratio valetudinis, utendum exercitationibus modicis, tantum cibi⁵ et potionis adhibendum, ut reficiantur vires, non opprimantur. Nec vero corpori solum subveniendum est, sed menti atque animo multo magis; nam hæc quoque, nisi tanquam lumini oleum instilles, exstinguuntur senectute : et corpora quidem exercitationum defatigatione ingravescunt, animi autem exercitando levantur. Nam quos ait Cæcilius « comicos stultos senes⁶ », hoc significat, credulos, obliviosos, dissolutos⁷,

---

1. *Sustineri*. Le service actif était dû par les citoyens romains jusqu'à 45 ans; jusqu'à 60, ils étaient tenus à quelques devoirs militaires dans Rome même ; passé ce temps, ils pouvaient encore prendre part aux affaires publiques.

2. *Cogimur* équivaut à *non cogimur;* la négation ne se répète pas après *non modo*, quand la proposition suivante commençant par *sed* contient *ne quidem*.

3. *At*, mais, dira t on.

4. *Alterum... lumen*, un second Scipion; *illud* équivaut à *ille;* le neutre s'explique par l'attraction de *lumen*.

5. *Tantum cibi*. « Seulement ce qu'il faut de nourriture pour... »

6. *Comicos... senes*, des vieillards de comédie. Le mot est emprunté à l'*Héritière*, pièce de Ménandre, imitée par Cécilius. Le passage est plus longuement cité, *Lelius*, XXVI, 99.

7. *Dissolutos* ne signifie pas ici le désordre des mœurs, mais plutôt

quæ vitia sunt non senectutis, sed inertis, ignavæ, somniculosæ senectutis. Ut petulantia, ut libido magis est adolescentium quam senum, nec tamen omnium adolescentium, sed non proborum, sic ista senilis stultitia, quæ deliratio appellari solet, senum levium est, non omnium.

37. Quatuor robustos[1] filios, quinque filias, tantam domum, tantas clientelas Appius regebat et cæcus et senex; intentum enim animum tanquam arcum habebat nec languescens succumbebat senectuti. Tenebat non modo auctoritatem, sed etiam imperium in suos; metuebant servi, verebantur liberi, carum omnes habebant; vigebat in illa domo mos patrius et disciplina.

38. Ita enim senectus honesta est, si se ipsa defendit, si jus suum retinet, si nemini mancipata est, si usque ad ultimum spiritum dominatur in suos. Ut enim adolescentem, in quo est senile aliquid, sic senem, in quo est aliquid adolescentis, probo : quod qui sequitur corpore senex esse poterit, animo nunquam erit. Septimus mihi liber Originum[2] est in manibus[3]; omnia antiquitatis monumenta colligo; causarum illustrium, quascumque defendi, nunc quum maxime[4] conficio orationes; jus augurium. pontificium, civile tracto[5]; multum

l'affaiblissement de l'esprit, l'indifférence. Comparer plus bas *languescens*.

1. *Robustos*, dans la vigueur de l'âge. On a déjà parlé d'Appius Claudius, vi, 16.

2. *Originum*. Les *Origines*, ouvrage considérable en sept livres, dont il a été question déjà ch. vii, 21, note 2, et qui embrassait l'histoire du peuple romain, à partir de la fondation de Rome jusqu'après la deuxième guerre punique, et celle de chaque ville de l'Italie. — Il en reste quelques rares fragments, qui sont d'un grand intérêt.

3. *In manibus*, je l'ai en mains. j'y travaille. Cf. VII, 22, note 8.

4. *Nunc quum maxime*, juste en ce moment. Il reste quelques fragments de ces discours.

5. *Jus augurium... tracto*. Si Caton a écrit sur ces matières, ce que l'on ne sait guère que par ce passage, il ne s'est rien conservé de ces ouvrages.

etiam Græcis litteris utor, Pythagoreorumque more exercendæ memoriæ gratia, quid quoque die dixerim, audierim, egerim, commemoro [1] vesperi. Hæ sunt exercitationes ingenii, hæc curricula mentis; in his desudans atque elaborans corporis vires non magno opere desidero : adsum amicis [2], venio in senatum frequens ultroque affero res multum et diu cogitatas easque tueor animi, non corporis viribus; quas si exsequi nequirem, tamen me lectulus [3] meus oblectaret ea ipsa cogitantem, quæ jam agere non possem; sed ut possim facit acta vita : semper enim in his studiis laboribusque viventi non intelligitur quando obrepat senectus. Ita sensim sine sensu [4] ætas senescit nec subito frangitur, sed diuturnitate exstinguitur.

XII. Examen du troisième inconvénient : La vieillesse est elle privée de plaisirs? — Si elle l'est en effet, elle est par là même exempte du plus grand des maux. Le plaisir est l'ennemi de la vertu.

39. Sequitur tertia vituperatio [5] senectutis, quod eam carere dicunt voluptatibus. O præclarum munus ætatis,

1. *Commemoro*, je rappelle à ma mémoire. C'est un simple exercice, *exercendæ memoriæ causa*. C'est dans une autre intention que cette pratique de l'examen de conscience quotidien est recommandée dans les *vers dorés* attribués à Pythagore. Sénèque en fait un bel éloge : « Chaque soir, dit il, je repasse en moi même la journée, et je fais la revue de mes paroles et de mes actions. » Mais il marque l'utilité morale de cette habitude : « Il est bon, dit il, que l'âme s'accoutume à rendre ses comptes, et à paraître devant un juge. » *De ira*, III, 36.

2. *Adsum amicis. Adesse*, prêter assistance, sens judiciaire.

3. *Lectulus*. Lit de repos, meuble ordinaire d'une salle de travail, pour lire à l'aise, ou même pour écrire.

4. *Sensim sine sensu*, peu à peu, sans qu'on s'en aperçoive. On remarque ici l'allitération de tous ces mots commençant par un S. Il est douteux que Cicéron y ait songé.

5. *Tertia vituperatio*, le troisième des reproches énumérés au chapitre v.

si quidem id aufert a nobis, quod est in adolescentia vitiosissimum! Accipite enim, optimi adolescentes, veterem orationem Archytæ [1] Tarentini, magni in primis et præclari viri, quæ mihi tradita est, quum essem adolescens Tarenti cum Q. Maximo. Nullam capitaliorem pestem quam voluptatem corporis hominibus dicebat a natura datam, cujus [voluptatis] avidæ libidines temere et effrenate ad potiendum incitarentur.

40. Hinc patriæ proditiones, hinc rerumpublicarum eversiones, hinc cum hostibus clandestina colloquia nasci; nullum denique scelus, nullum malum facinus esse, ad quod suscipiendum non libido voluptatis impelleret: stupra vero et adulteria et omne tale flagitium nullis excitari aliis illecebris nisi voluptatis; quumque homini sive natura sive quis deus nihil mente præstabilius dedisset, huic divino muneri ac dono [2] nihil tam esse inimicum quam voluptatem.

41. Nec enim libidine dominante temperantiæ locum esse, neque omnino in voluptatis regno virtutem posse consistere [3]. Quod quo magis intelligi posset, fingere animo jubebat tanta incitatum aliquem voluptate corporis, quanta percipi [4] posset maxima: nemini censebat fore dubium quin tam diu, dum ita gauderet, nihil agitare mente, nihil ratione, nihil cogitatione consequi [5] posset; quocirca nihil esse tam detestabile tamque pestiferum

---

1. *Archytæ.* Archytas de Tarente, pythagoricien ami de Platon, philosophe, mathématicien, astronome et législateur. Horace a consacré une ode à sa mort.

2. *Muneri ac dono,* deux mots qui ne diffèrent guère, réunis par un procédé de style familier à Cicéron.

3. *Consistere,* s'établir, prendre pied.

4. *Percipi,* le plus grand plaisir qu'on puisse « éprouver »; et non pas « imaginer » ou « comprendre ».

5. *Consequi,* saisir, atteindre. Les trois mots *mente, ratione, cogitatione,* ne sont pas synonymes; mais Cicéron les accumule plutôt pour confirmer le sens que pour faire des distinctions subtiles.

quam voluptatem, si quidem ea, quum major esset atque longior, omne animi lumen exstingueret. Hæc cum C. Pontio Samnite[1], patre ejus, a quo Caudino prœlio Sp. Postumius, T. Veturius consules superati sunt, locutum Archytam Nearchus Tarentinus, hospes noster, qui in amicitia populi Romani permanserat, se a majoribus natu accepisse dicebat, quum quidem ei sermoni interfuisset Plato Atheniensis[2], quem Tarentum venisse L. Camillo, Ap. Claudio consulibus reperio.

42. Quorsum hæc? Ut intelligeretis, si voluptatem aspernari ratione et sapientia non possemus, magnam esse habendam senectuti gratiam, quæ efficeret ut id non liberet, quod non oporteret. Impedit enim consilium voluptas, rationi inimica est: mentis, ut ita dicam, præstringit oculos nec habet ullum cum virtute commercium[3]. Invitus feci ut[4] fortissimi viri T. Flaminini fratrem, L. Flamininum, e senatu ejicerem septem annis post quam consul fuisset, sed notandam[5] putavi libidinem : ille enim, quum esset consul in Gallia, exoratus[6] in convivio a scorto est ut securi feriret aliquem eorum, qui in vinculis essent damnati rei capitalis. Hic Tito fratre suo censore, qui proximus ante me fuerat, elapsus est: mihi vero et Flacco neutiquam probari potuit tam flagitiosa et tam perdita libido, quæ cum probro privato conjungeret imperii dedecus[7].

1. *C. Pontio Samnite*, Pontius Herennius, le père de Pontius Télésinus qui défit les Romains aux Fourches Caudines.

2. *Plato Atheniensis*. Ce voyage de Platon aurait eu lieu en 349. Il y a peut être une erreur de date. Platon mourut en 348.

3. *Commercium*. Cicéron ne perd pas une occasion de critiquer l'épicurisme et d'opposer le devoir au plaisir.

4. *Invitus feci ut...* Je me suis décidé malgré moi à...

5. *Notandam. Nota*, flétrissure infligée par le censeur, et emportant la déchéance.

6. *Exoratus*, il céda aux prières...

7. *Privato*, le déshonneur personnel. *Imperii dedecus*, la honte infligée à l'autorité. L'*imperium* est attaché à certaines magistratures. Voir plus bas, XVIII, 64.

XIII. La sagesse consiste à mépriser le plaisir. Du reste, la vieillesse a ses plaisirs, si elle sait se contenter de ceux qui lui conviennent.

43. Sæpe audivi ex majoribus natu, qui se porro[1] pueros a senibus audisse dicebant, mirari solitum C. Fabricium, quod, quum apud regem Pyrrhum legatus esset, audisset a Thessalo Cinea[2] esse quemdam[3] Athenis, qui se sapientem profiteretur, eumque dicere omnia, quæ faceremus, ad voluptatem esse referenda; quod ex eo audientes M'. Curium et Ti. Coruncanium optare solitos ut id Samnitibus ipsique Pyrrho persuaderetur, quo facilius vinci possent, quum se voluptatibus dedissent. Vixerat M'. Curius cum[4] P. Decio[5], qui quinquennio ante eum consulem se pro republica quarto consulatu devoverat; norat eumdem Fabricius, norat Coruncanius: qui quum ex sua vita tum ex ejus quem dico Decii facto judicabant esse profecto aliquid natura pulchrum atque præclarum, quod sua sponte peteretur[6] quodque spreta et contempta[7] voluptate optimus quisque sequeretur.

44. Quorsum igitur tam multa de voluptate? quia non modo vituperatio nulla, sed etiam summa laus senectutis est, quod ea voluptates nullas magno opere desiderat[8].

1. *Porro*, auparavant, du temps qu'ils étaient enfants.
2. *Cinea*. Cinéas, ministre et ambassadeur de Pyrrhus auprès du sénat romain.
3. *Quemdam*. Sans doute Épicure, dont Cicéron dit ailleurs « que seul il a osé se donner pour sage », et qui professait que le plaisir est la seule loi de nos actions.
4. *Vixerat... cum*, il avait été l'ami, le familier de...

5. *P. Decio*. Decius Mus, qui se dévoua à la mort dans la guerre du Samnium en 295. Voir xx, 75.
6. *Peteretur*, un bien désirable par soi même et non pas par intérêt.
7. *Spreta et contempta*. Ces deux termes sont synonymes, à peu près comme *dédaigner* et *mépriser* en français.
8. *Desiderat*. Cette indifférence au plaisir peut être un avantage de la vieillesse; moralement parlant,

Caret epulis exstructisque mensis [1] et frequentibus poculis: caret ergo etiam vinolentia et cruditate et insomniis. Sed si aliquid dandum est voluptati, quoniam ejus blanditiis non facile obsistimus — divine enim Plato escam malorum [2] appellat voluptatem, quod ea videlicet homines capiantur ut pisces —, quanquam immoderatis epulis caret senectus, modicis tamen conviviis delectari potest. C. Duellium [3], Marci filium, qui Pœnos classe primus devicerat, redeuntem a cena senem sæpe videbam puer; delectabatur crebro funali et tibicine [4], quæ sibi nullo exemplo privatus sumpserat : tantum licentiæ dabat gloria.

45. Sed quid ego alios [5] ? ad me ipsum jam revertar. Primum habui semper sodales [6]; sodalitates autem me quæstore constitutæ sunt sacris Idæis Magnæ Matris acceptis [7] : epulabar igitur cum sodalibus omnino modice,

elle n'a pas de prix. « En cela, dit Montaigne, je ne vois rien de conscience; le chagrin et la faiblesse nous impriment une vertu lâche et catarrheuse. »

1. *Exstructis mensis*, des tables servies avec luxe, des repas somptueux.

2. *Escam malorum*, l'appât du mal, κακοῦ δέλεαρ, dit Platon dans le Timée.

3. *C. Duellium*. *Duellius* ou *Duilius*, consul en 260 avant J.-C., remporta sur les Carthaginois, à Myle, la première victoire que les Romains aient gagnée sur mer.

4. *Crebro funali et tibicine*. Tite Live assure qu'on décerna à perpétuité cet honneur à Duilius, d'être précédé le soir d'un porteur de flambeaux et escorté de joueurs de flûte. *Crebro* équivaut à *sæpe*.

5. *Quid ego alios*. Ellipse facile à suppléer : Pourquoi parler des autres?

6. *Sodales*. Le sens de ce mot est fixé par ce qui suit, mais n'a pas d'équivalent exact en français. Les *sodalitates* étaient des associations dont les membres se réunissaient pour fêter des anniversaires. Cicéron rapporte leur origine à la questure de Caton, 204 av. J.-C.

7. *Acceptis*. Un oracle des livres sibyllins avait prédit que l'ennemi serait chassé de l'Italie, si la déesse de l'Ida était amenée de Pessinunte à Rome. Les Romains envoyèrent à Pergame une ambassade qui rapporta une pierre sacrée que les Phrygiens appelaient *Magna Mater*. Elle fut reçue en grande pompe par les dames romaines et déposée dans le temple de la Vic

sed erat quidam fervor ætatis [1], qua progrediente omnia fiunt in dies mitiora; neque enim ipsorum conviviorum delectationem voluptatibus corporis magis quam cœtu amicorum et sermonibus metiebar. Bene enim majores accubitionem epularem amicorum, quia vitæ conjunctionem haberet, convivium [2] nominaverunt, melius quam Græci, qui hoc idem tum compotationem [3], tum concenationem vocant, ut, quod in eo genere minimum est, id maxime probare videantur.

XIV. La vieillesse n'est pas insensible au plaisir des festins, qui réunissent des amis et sont une occasion d'entretien. Il y a d'autres plaisirs qu'elle regarde d'un peu loin; mais elle se réserve les joies que procure la culture des sciences et des lettres.

46. Ego vero propter sermonis delectationem tempestivis [4] quoque conviviis delector nec cum æqualibus solum, qui pauci admodum restant, sed cum vestra etiam ætate [5] atque vobiscum, habeoque senectuti magnam gratiam, quæ mihi sermonis aviditatem [6] auxit, potionis et cibi sustulit. Quod si quem etiam ista [7] delectant, ne

toire; on établit en l'honneur de cet événement les *Jeux Mégalésiens*.

1. *Ætatis*, la jeunesse. Le même mot signifiait plus haut, chapitre xii, 39, la vieillesse.

2. *Convivium*. L'étymologie de ce mot est indiquée par ces deux autres, *vitæ conjunctionem*. Cicéron insiste ailleurs et d'une manière plus vive sur ce rapprochement. « Nous appelons, dit il, nos festins *convivia*, parce que c'est alors surtout qu'on vit ensemble, *quod tum maxime simul vivitur.* »

3. *Compotationem*, συμπόσιον; *concenationem*, σύνδειπνον.

4. *Tempestivis*. Des repas qui commencent avant l'heure; d'une façon générale : de longs repas. Ces festins commençaient dans l'après midi et se prolongeaient dans la nuit.

5. *Vestra ætate*, les gens de votre âge.

6. *Sermonis aviditatem*. « Sachez, dit Socrate, que pour moi, à mesure que les plaisirs du corps deviennent plus languissants, je sens croître mon désir de discourir et j'y prends plus de plaisir » (Platon, *La République*, liv. 1.).

7. *Ista*, ces derniers appétits.

omnino bellum indixisse videar voluptati, cujus est fortasse quidam naturalis modus [1], non intelligo ne in istis quidem ipsis voluptatibus carere sensu senectutem. Me vero et magisteria [2] delectant a majoribus instituta et is sermo, qui more majorum a summo [3] adhibetur in poculo, et pocula, sicut in Symposio [4] Xenophontis est, minuta atque rorantia [5], et refrigeratio æstate et vicissim aut sol aut ignis hibernus; quæ quidem etiam in Sabinis [6] persequi soleo conviviumque vicinorum quotidie compleo, quod ad multam noctem quam maxime possumus vario sermone producimus.

47. « At [7] non est voluptatum tanta quasi titillatio in

---

1. *Naturalis modus.* « Peut être la nature permet elle un plaisir, pour ainsi dire, mesuré. » Le stoïcisme de Caton est tempéré: il a dit plus haut : *si aliquid dandum est voluptati.*

2. *Magisteria.* On élisait ou on tirait au sort le roi ou le maître du festin, *magister*; sa dignité, *magisterium*, lui conférait le droit de faire boire à son gré, *arbiter bibendi*, et de donner la parole aux convives.

3. *A summo.* Les lits sur lesquels les Romains se tenaient moitié couchés, moitié assis, pour prendre leurs repas, étaient ordinairement au nombre de trois autour d'une table, et s'appelaient, suivant leur position, *imus, medius, summus.* Chacune des trois places de chacun des lits recevait les mêmes noms. Ainsi, sur le lit nommé *summus*, il y avait trois places, *locus summus, medius, imus. A summo* désigne la première de ces trois places, ce que nous appellerions le haut bout de la table.

Il est à noter que les meilleurs manuscrits portent *a summo magistro.* Halm et après lui tous les éditeurs ont fait disparaître ce substantif sans raison sérieuse.

4. *Symposio*, transcription littérale du titre de l'opuscule de Xénophon.

5. *Rorantia.* « Des coupes petites et où l'on *verse* goutte à goutte; » elles sont, pour ainsi dire, seulement humides de rosée. Xénophon, que Cicéron imite en ce passage, parle d'un festin ou les esclaves versent quelques gouttes dans de petites coupes. Le mot ἐπιψεκάζωσιν a inspiré à l'auteur la tin celui de *rorantia.* Il est donc à croire qu'on entend mal ce dernier en traduisant « des coupes où l'on *boit* goutte à goutte. » Les deux sens ne diffèrent guère; le premier est plus conforme au texte grec et à la signification propre de *roro.*

6. *In Sabinis*, dans la Sabine, où Caton avait une grande propriété.

7. *At*, mais, dira t-on. Voir XI, 35

senibus. » Credo, sed ne desideratur quidem[1]; nihil autem est molestum, quod non desideres[2]. Bene Sophocles, quum ex eo quidam jam affecto ætate quæreret, utereturne rebus veneriis : « Di meliora[3]! » inquit; « ego vero istinc sicut a domino agresti[4] ac furioso profugi. » Cupidis enim rerum talium odiosum fortasse et molestum est carere, satiatis vero et expletis jucundius est carere quam frui[5] : quanquam non caret[6] is, qui non desiderat; ergo non desiderare dico esse jucundius.

48. Quod si istis ipsis voluptatibus bona ætas fruitur libentius, primum parvulis fruitur rebus, ut diximus, deinde iis, quibus senectus, etiam si non abunde potitur, non omnino caret. Ut Turpione Ambivio[7] magis delectatur qui in prima cavea[8] spectat, delectatur tamen etiam qui in ultima, sic adolescentia, voluptates propter intuens, magis fortasse lætatur, sed delectatur etiam senectus procul eas spectans tantum, quantum sat est[9].

---

1. *Ne desideratur quidem*, il n'est pas non plus désiré.
2. *Non desideres*. Ne pas désirer, ce n'est nullement pénible. *Quod non desideres* équivaut à *non desiderare*.
3. *Di meliora!* suppléer *velint* ou *dent* : formule d'optation : « Di meliora piis » (Virgile). L'anecdote est empruntée à Platon, *La République*, I. Montaigne rapporte le mot de Sophocle et le blâme.
4. *Agresti*, « grossier », sens dérivé; comme *urbanus* signifie « poli, délicat ».
5. *Quam frui*. Remarque juste, mais d'une moralité peu élevée, et concordant mal avec la critique du plaisir. Le vieillard ne le désire plus, parce qu'il en est rassasié.

6. *Non caret*. L'auteur se reprend : « D'ailleurs, dit il, j'ai tort d'employer ce mot *caret*. »
7. *Turpione Ambivio*. Acteur célèbre, contemporain de Caton, L. Ambivius Turpio. Comme on peut le remarquer ici, on intervertit parfois l'ordre des noms, quand le prénom est omis.
8. *In prima cavea*. On appelait *cavea* l'enceinte d'un théâtre ou d'un amphithéâtre, où se trouvaient des rangées de sièges destinées aux spectateurs et distribuées en plusieurs étages; le premier était réservé aux sénateurs et aux chevaliers.
9. *Delectatur... quantum sat est.* Elle en jouit suffisamment, en les regardant de loin.

49. At illa¹ quanti sunt, animum tanquam emeritis stipendiis² libidinis, ambitionis, contentionum, inimicitiarum, cupiditatum omnium, secum esse secumque, ut dicitur, vivere! Si vero habet aliquod tanquam pabulum studii atque doctrinæ, nihil est otiosa³ senectute jucundius. Videbamus in studio dimetiendi pæne⁴ cæli atque terræ C. Gallum⁵, familiarem patris tui, Scipio : quotiens illum lux noctu aliquid describere⁶ ingressum, quotiens nox oppressit, quum mane cœpisset! quam delectabat eum defectiones solis et lunæ multo ante nobis prædicere⁷!

50. Quid in levioribus⁸ studiis, sed tamen acutis? Quam gaudebat Bello suo Punico Nævius⁹, quam Truculento Plautus, quam Pseudolo¹⁰! Vidi etiam senem Livium¹¹, qui quum sex annis ante quam ego natus sum fabulam docuisset¹² Centone Tuditanoque¹³ consulibus,

1. *Illa*. Les avantages qu'on va énumérer.
2. *Emeritis stipendiis*, littéralement : libéré du service militaire. L'expression s'applique ici à la servitude imposée par les passions.
3. *Otiosa*. Non pas « oisive », mais « maîtresse de son temps ».
4. *Pæne*, correctif à l'idée de mesurer : « pour ainsi dire. » D'autres le joignent aux substantifs *cæli atque terræ*.
5. *C. Gallum*. Sulpicius Gallus, astronome et jurisconsulte; il avait écrit un livre sur les éclipses. Voir Cicéron, la *République*, XIV.
6. *Describere*, tracer des figures, comme il convient à un astronome. Ces savants se servaient pour cela d'une baguette, *radius*, et de sable, *pulvis*.
7. *Prædicere*. Il rendit même un grand service à Paul Émile, en empêchant ses soldats de s'effrayer d'une éclipse de lune.
8. *Levioribus*, des occupations moins sérieuses; *acutis*, qui exigent de l'intelligence; ou peut être : qui intéressent vivement l'esprit.
9. *Nævius*. Voir plus haut, VI, 20, page 27, note 1.
10. *Truculento...Pseudolo*, deux comédies de Plaute, *le Rustre* et *Pseudolus* ou *le Menteur*.
11. *Livium*. Livius Andronicus a composé des pièces de théâtre et traduit l'Odyssée en latin. On croit que ce fut lui qui fit jouer la première comédie à Rome.
12. *Docuisset*, faire apprendre une pièce de théâtre, par conséquent : la faire jouer.
13. *Centone Tuditanoque*, consuls en l'an 240 av. J. C., c'est-à-dire 6 ans avant la naissance de Caton.

usque ad adolescentiam meam processit ætate. Quid de P. Licinii Crassi [1] et pontificii et civilis juris studio loquar aut de hujus P. Scipionis [2], qui his paucis diebus pontifex maximus factus est? Atqui eos omnes, quos commemoravi, his studiis flagrantes senes vidimus; M. vero Cethegum [3], quem recte Suadæ medullam [4] dixit Ennius, quanto studio exerceri in dicendo videbamus etiam senem! Quæ sunt igitur epularum aut ludorum aut scortorum voluptates cum his voluptatibus comparandæ? Atque hæc quidem [5] studia doctrinæ, quæ quidem prudentibus et bene institutis pariter cum ætate [6] crescunt, ut honestum illud Solonis sit, quod ait versiculo quodam, ut ante dixi [7], senescere se multa in dies addiscentem, qua voluptate animi nulla certe potest esse major.

XV. Les plaisirs de l'agriculture ne sont pas interdits au vieillard; la culture du blé, de la vigne, et tous les travaux des champs lui fournissent les plus agréables distractions.

51. Venio nunc ad voluptates agricolarum, quibus ego incredibiliter delector; quæ nec ulla [8] impediuntur senectute et mihi ad sapientis vitam proxime videntur accedere [9].

1. *Licinii Crassi.* Ce personnage a déjà été cité, IX, 27.
2. *Scipionis.* Scipion Nasica, surnommé *Corculus*, consul en 162, contemporain de Caton, comme le marque le mot *hujus*.
3. *M. Cethegum.* Consul en 204 avec Sempronius Tuditanus, comme on l'a vu plus haut, IV, 10.
4. *Suadæ medullam*, la moelle de la persuasion. Ennius a forgé ce mot *suadæ*, pour traduire le mot grec Πειθώ. Ses vers sont cités ailleurs (*Brutus*, 58).

5. *Hæc quidem*, etc. Suppléer *sunt.*
6. *Pariter cum ætate*, en proportion avec l'âge.
7. *Ante dixi.* Voir VIII, 26.
8. *Nec ulla*, il n'y en a pas que la vieillesse empêche.
9. *Accedere.* Caton exprime à peu près la même idée dans la préface de son *De Re rustica :* « Pour faire l'éloge d'un honnête homme, nos pères disaient : C'est un bon cultivateur, un bon laboureur. »

Habent enim rationem cum terra¹, quæ nunquam recusat imperium nec cuiquam sine usura reddit quod accepit, sed alias minore, plerumque majore cum fænore : quanquam me quidem non fructus modo, sed etiam ipsius terræ vis ac natura² delectat; quæ quum gremio mollito ac subacto³ sparsum semen excepit, primum id occæcatum⁴ cohibet, ex quo occatio, quæ hoc efficit, nominata est; deinde tepefactum⁵ vapore et compressu suo diffundit et elicit herbescentem ex eo viriditatem, quæ nixa fibris stirpium sensim adolescit culmoque erecta geniculato vaginis⁶ jam quasi pubescens includitur; e quibus quum emersit, fundit frugem spici ordine structam et contra avium minorum morsus munitur vallo aristarum.

52. Quid ego vitium ortus, satus⁷, incrementa commemorem? Satiari delectatione non possum, ut meæ senectutis requietem oblectamentumque noscatis. Omitto enim vim ipsam omnium, quæ generantur e terra,

1. *Habent rationem cum terra*, les agriculteurs ont affaire à la terre. Peut être traduirait-on mieux, au sens propre de l'expression : « sont en compte avec la terre », si cette figure, continuée par les mots *usura*, *fœnore*, n'était incompatible avec *imperium*.
2. *Vis ac natura*, la fécondité naturelle.
3. *Subacto*, travaillé à fond, retourné.
4. *Occæcatum*, le grain recouvert, enterré. L'opération se faisant avec une herse, *occa*, s'appelait *occatio*, mot que Cicéron derive à tort de *occæcare*.
5. *Tepefactum*. La graine s'échauffe par l'humidité qui sort de la terre, *vapore*, et parce qu'elle est enveloppée, pressée, *compressu*, par la terre qui la fait gonfler, *diffundit*, et en fait sortir, *elicit*, une tige verdoyante. On a remarqué une sorte de contradiction entre *compressu* et *diffundit*, parce qu'on a forcé le sens du premier de ces mots.
6. *Vaginis*. L'épi est d'abord enfermé dans une gaine. C'est le moment de la croissance désigné par le mot *pubescens*, qui s'applique à une phase de la vie humaine. Joindre *jam* à *pubescens*.
7. *Ortus*, *satus*. La multiplication et la plantation, la première se faisant par *provins*, comme on le voit plus bas. D'autres entendent qu'*ortus* s'applique à la vigne qui pousse d'elle-même, et *satus* au même arbuste cultivé.

quæ ex fici tantulo grano aut ex acini vinaceo aut ex ceterarum frugum aut stirpium minutissimis seminibus tantos truncos ramosque procreet: malleoli, plantæ, sarmenta, viviradices, propagines nonne efficiunt, ut quemvis cum admiratione delectent? Vitis quidem, quæ natura caduca est et, nisi fulta est, fertur ad terram, eadem, ut se erigat, claviculis suis quasi manibus quic quid est nacta complectitur; quam serpentem multi plici lapsu et erratico, ferro amputans [1] coërcet ars agricolarum, ne silvescat sarmentis et in omnes partes nimia fundatur.

53. Itaque ineunte vere in iis, quæ relicta sunt [2], exsistit [3] tanquam ad articulos sarmentorum ea, quæ gemma [4] dicitur, a qua oriens uva se ostendit, quæ et succo terræ et calore solis augescens primo [5] est peracerba gustatu, deinde maturata dulcescit vestitaque pampinis nec modico tepore caret et nimios solis defendit ardores : qua quid potest esse quum fructu lætius, tum aspectu pulchrius [6]? Cujus quidem non utilitas me solum, ut ante dixi, sed etiam cultura et natura ipsa delectat: adminiculorum ordines, capitum jugatio, religatio et propagatio vitium, sarmentorum ea, quam dixi, aliorum amputatio, aliorum immissio. Quid ego irrigationes, quid fossiones agri repastinationesque proferam, quibus fit multo terra fecundior?

54. Quid de utilitate loquar stercorandi? Dixi in eo

1. *Ferro amputans*, en la tail lant avec une serpette. Abandonnée à elle même, elle pousse des rameaux nombreux et irréguliers, *multiplici lapsu et erratico*.

2. *In iis quæ relicta sunt*, sur les sarments qui ont été conservés après la taille.

3. *Exsistit*, sort, se montre.

4. *Gemma*, l'œil ou le bourgeon. De là est venu le mot *gemmation*.

5. *Primo*, au commencement.

6. *Fructu lætius... aspectu pulchrius*, rien n'est plus avantageux comme produit, ni plus beau a voir.

DIALOGUS.   51

libro, quem de rebus rusticis¹ scripsi, de qua doctus
Hesiodus ne verbum quidem² fecit, quum de cultura agri
scriberet³; at Homerus, qui multis, ut mihi videtur,
ante sæculis fuit⁴, Laërtam lenientem desiderium,
quod capiebat e filio, colentem agrum et eum stercorantem facit⁵. Nec vero segetibus solum et pratis et vineis
et arbustis res rusticæ lætæ sunt, sed hortis etiam et
pomariis, tum pecudum pastu, apium examinibus, flo-
rum omnium varietate. Nec consitiones modo delectant, sed etiam insitiones, quibus nihil invenit agricultura solertius.

XVI. Cette vie rustique a charmé la vieillesse d'un Curius, d'un
Cincinnatus : elle comporte l'aisance et l'abondance de tous les
biens.

55. Possum persequi permulta oblectamenta rerum
rusticarum, sed ea ipsa, quæ dixi, sentio fuisse longiora:
ignoscetis autem ; nam et studio rerum rusticarum provectus sum⁶, et senectus est natura loquacior, ne ab
omnibus eam vitiis videar vindicare. Ergo in hac vita
M'. Curius⁷, quum de Samnitibus, de Sabinis, de Pyrrho
triumphavisset, consumpsit extremum tempus ætatis :
cujus quidem ego villam contemplans   abest enim non

---

1. *De rebus rusticis.* Ce traité intitulé *De Re rustica,* nous est parvenu.
2. *Ne verbum quidem,* pas même un mot, c'est à-dire, pas un seul mot.
3. *Scriberet.* Hésiode, dans son poëme, *Les travaux et les jours,* n'a pas parlé de l'utilité des engrais. Virgile n'a pas omis ce sujet.
4. *Fuit* équivaut à *vixit.* Quant à la date de la vie d'Homère, Cicé-ron ne peut faire qu'une conjecture.
5. *Stercorantem facit.* Légère erreur de mémoire. Homère représente Laerte occupé à « bêcher » et non à « fumer » son champ.
6. *Provectus sum,* j'ai été entraîné.
7. *M'. Curius,* dont on a déjà parlé, vi, 15, avait une propriété voisine de celle de Caton, *non longe a me.*

longe a me—, admirari satis non possum vel hominis ipsius continentiam vel temporum disciplinam. Curio ad focum sedenti magnum auri pondus Samnites quum attulissent, repudiati sunt ; non enim aurum habere præclarum sibi videri dixit, sed eis, qui haberent aurum, imperare : poteratne tantus animus efficere non jucundam senectutem [1] ?

56. Sed venio ad agricolas, ne a me ipso [2] recedam : in agris erant tum senatores, id est senes, si quidem aranti L. Quinctio Cincinnato [2] nuntiatum est eum dictatorem esse factum ; cujus dictatoris jussu magister equitum C. Servilius Ahala Sp. Mælium regnum appetentem occupatum interemit [3]. A villa in senatum arcessebatur et Curius et ceteri senes, ex quo qui eos arcessebant viatores [4] nominati sunt : num igitur horum senectus miserabilis fuit, qui se agri cultione [5] oblectabant ? Mea quidem sententia haud scio an [6] nulla beatior possit esse, neque solum officio, quod hominum generi [7] universo cultura agrorum est salutaris, sed et

1. *Senectutem.* La pensée n'est pas très juste. Cicéron s'est un peu détourné de son sujet, en parlant de Curius ; il y revient.
2. *Cincinnato.* L. Quinctius Cincinnatus, deux fois dictateur. L'anecdote ici rapportée est bien connue, et le nom de Cincinnatus, grâce à elle, sert à désigner les hommes qui exercent simplement un grand pouvoir et le quittent sans regrets.
3. *Occupatum interemit*, le prévint et le tua. Le meurtre commis par Servilius Ahala eut pour prétexte l'ambition de Mælius, pour cause réelle la haine des patriciens, qui glorifièrent cet assassinat.
4. *Viatores.* Originairement, comme on le voit, les huissiers chargés de convoquer les sénateurs devaient le plus souvent les chercher hors de Rome. Le nom de *viatores* leur resta plus tard, quand les mœurs furent changées.
5. *Agri cultione.* Expression rare, même chez Cicéron, qui est seul à l'employer parmi les écrivains latins.
6. *Haud scio an* équivaut à *incertum est*, et n'a guère que le sens de l'adverbe *peut-être.* C'est ce qui paraît clairement ici par le rapprochement de cette expression avec cette autre : *Mea sententia.*
7. *Hominum generi.* Ce souci du genre humain, si rare dans l'an

delectatione, quam dixi, et saturitate[1] copiaque rerum omnium, quæ ad victum hominum, ad cultum etiam deorum[2] pertinent, ut, quoniam hæc quidam desiderant, in gratiam jam cum voluptate redeamus[3]; semper enim boni assiduique domini referta cella vinaria, olearia, etiam penaria est villaque tota locuples est; abundat porco, hædo, agno, gallina, lacte, caseo, melle; jam hortum ipsi agricolæ succidiam alteram appellant. Conditiora facit hæc supervacaneis etiam operis[4] aucupium atque venatio.

57. Quid de pratorum viriditate aut arborum ordinibus aut vinearum olivetorumve specie plura dicam? Brevi præcidam : agro bene culto nihil potest esse nec usu uberius nec specie ornatius, ad quem fruendum[5] non modo non retardat, verum etiam invitat atque allectat senectus· ubi enim potest illa ætas aut calescere vel apricatione melius vel igni, aut vicissim umbris aquisve refrigerari salubrius?

58. Sibi igitur habeant arma, sibi equos, sibi hastas[6], sibi clavam[7] et pilam, sibi natationes atque cursus : nobis senibus ex lusionibus multis talos relinquant et tesseras[8];

tiquité, est d'origine stoïcienne. Cicéron l'a exprimé souvent.

1. *Saturitate.* Ce terme ne se trouve qu'en ce passage : c'est un ἅπαξ εἰρημένον, pour parler le langage des commentateurs.

2. *Cultum deorum.* Allusion aux offrandes, aux sacrifices.

3. *Ut.... redeamus.* Ellipse d'une idée analogue à celle ci : Je parle ainsi.... je cite ces avantages.... pour faire enfin (*jam*) ma paix avec le plaisir.

4. *Supervacaneis operis.* Ce ne sont pas des travaux superflus, mais des occupations prises sur les heures de loisir.

5. *Fruendum.* Cette forme passive du verbe *fruor* est d'un emploi fréquent.

6. *Hastas.* Lances servant aux exercices et dont la pointe était mouchetée.

7. *Clavam*, sorte de bâton avec lequel on s'habituait au maniement de l'épée.

8. *Talos.... et tesseras. Talus*, osselet, petit os du paturon de certains animaux, employé dans les jeux de hasard; — *tesseræ*, dés à jouer,

id ipsum utrum lubebit[1], quoniam sine iis beata esse senectus potest.

XVII. Suite de l'éloge de l'agriculture. Exemple de Cyrus le Jeune et de plusieurs Romains illustres.

59. Multas ad res perutiles Xenophontis libri sunt, quos legite, quæso, studiose, ut facitis. Quam copiose ab eo agricultura laudatur in eo libro, qui est de tuenda re familiari, qui OEconomicus[2] inscribitur. Atque ut intelligatis[3] nihil ei tam regale videri quam studium agri colendi, Socrates in eo libro loquitur cum Critobulo[4], Cyrum minorem, Persarum regem[5], præstantem ingenio atque imperii gloria, quum Lysander[6] Lacedæmonius, vir summæ virtutis, venisset ad eum Sardis eique dona a sociis attulisset, et ceteris in rebus comem erga Lysandrum atque humanum fuisse et ei quemdam consæptum agrum[7] diligenter consitum ostendisse; quum autem admiraretur Lysander et proceritates arborum et directos

semblables à ceux dont on se sert aujourd'hui.

1. *Id ipsum utrum lubebit*, qu'ils nous laissent les osselets et les dés, et encore (*id ipsum*), comme il leur plaira; *utrum* signifie ici : quelle que soit celle des deux choses qui leur plaira ; c'est à dire : qu'ils nous les laissent ou ne nous les laissent pas.

2. *Œconomicus*. L'Économique, ouvrage en quatre livres. Cicéron connaît ce traité ; il l'a traduit dans sa jeunesse.

3. *Ut intelligatis*. Cette proposition dépend d'une autre qui est omise : pour que vous compreniez, etc., je vous dirai que Socrate, etc.

Cicéron oublie l'éloge de la vieillesse pour faire celui de l'agriculture.

4. *Critobulo*, Critobule, disciple de Socrate.

5. *Persarum regem*. Cyrus le Jeune, frère du roi de Perse Artaxerxès, contre lequel il se révolta, n'était pas roi des Perses, mais seulement gouverneur de l'Asie Mineure.

6. *Lysander*, Lysandre, le général lacédémonien qui fut si funeste aux Atheniens pendant la guerre du Péloponèse, et qui leur infligea la grande défaite d'Ægos Potamos

7. *Consæptum agrum*, un jardin, ou, comme le dit Xénophon, un paradis, terme d'origine persane

in quincuncem ordines et humum subactam atque puram et suavitatem odorum, qui afflarentur ex floribus, tum eum dixisse mirari se non modo diligentiam, sed etiam solertiam¹ ejus, a quo essent illa dimensa atque descripta², et Cyrum respondisse : « Atqui ego ista sum omnia dimensus ; mei sunt ordines, mea descriptio, multæ etiam istarum arborum mea manu sunt satæ ; » tum Lysandrum intuentem purpuram ejus et nitorem corporis ornatumque Persicum multo auro multisque gemmis dixisse : « Recte vero te, Cyre, beatum ferunt, quoniam virtuti tuæ fortuna conjuncta est³. »

60. Hac igitur fortuna frui licet senibus, nec ætas impedit quominus et ceterarum rerum et in primis agri colendi studia teneamus usque ad ultimum tempus senectutis. M. quidem Valerium Corvinum accepimus ad centesimum annum perduxisse⁴, quum esset acta jam ætate⁵ in agris eosque coleret ; cujus inter primum et sextum consulatum sex et quadraginta⁶ anni interfuerunt : ita quantum spatium ætatis majores ad senectutis initium esse voluerunt, tantus illi cursus honorum fuit ; atque hujus extrema ætas hoc beatior quam media, quod auctoritatis habebat plus, laboris minus ; apex est autem senectutis auctoritas.

1. *Diligentiam..... solertiam.* L'œuvre avait exigé beaucoup de travail et beaucoup de talent.

2. *Dimensa atque descripta*, traduction du texte de Xénophon : καταμετρεῖν, διατάσσειν. Ce sont les deux parties d'un même travail, *mesurer* et *dessiner*.

3. *Conjuncta est.* Ce récit est une traduction assez fidèle de celui de Xénophon. Œconomique, livre IV, ch. xx.

4. *Perduxisse*, suppléer *hæc studia*.

5. *Acta ætate*, à la fin de sa carrière.

6. *Sex et quadraginta.* L'intervalle entre son premier et son dernier consulat est de quarante neuf ans, de 348 à 299 av. J. C. Cicéron peut donc ajouter avec raison que la période des honneurs égale dans sa vie le nombre des années qui marquent le commencement de la vieillesse.

61. Quanta fuit in L. Cæcilio Metello[1]! quanta in A. Atilio Calatino[2]! in quem illud elogium : « Unum hunc plurimæ consentiunt gentes populi primarium fuisse virum. » Notum est carmen[3] incisum in sepulcro. Jure igitur gravis, cujus de laudibus omnium esset fama consentiens. Quem virum nuper P. Crassum[4], pontificem maximum, quem postea M. Lepidum[5], eodem sacerdotio præditum, vidimus! Quid de Paulo aut Africano loquar aut, ut jam ante, de Maximo[6]? Quorum non in sententia solum, sed etiam in nutu residebat auctoritas. Habet senectus honorata[7] præsertim tantam auctoritatem, ut ea pluris sit quam omnes adolescentiæ voluptates[8].

XVIII. La vieillesse, quand elle couronne toute une vie irréprochable, a pour privilège l'autorité : elle est respectée, et les égards dont elle est comblée valent bien les plaisirs qui lui sont refusés. Les défauts qu'on lui attribue viennent du caractère plutôt que de l'âge.

62. Sed in omni oratione[9] mementote eam me senectutem laudare, quæ fundamentis[10] adolescentiæ constituta

---

1. *Cæcilio Metello.* Voir plus haut, IX, 30.
2. *Atilio Calatino.* Atilius Calatinus fut deux fois consul dans la première guerre punique. Son tombeau était à la porte Capène, et on y lisait l'inscription qui va suivre, *elogium.*
3. *Carmen.* L'inscription était en vers.
4. *P. Crassum.* Voir plus haut, IX, 27.
5. *M. Lepidum,* consul en 187 et en 175 av. J.-C.

6. *De Maximo.* Voir iv, 10, note 1
7. *Honorata.* Il s'agit ici des honneurs, c'est à dire, des magistratures militaires et civiles.
8. *Voluptates.* Il y a un peu d'incohérence dans ce chapitre.—La vieillesse n'interdit pas les joies de la vie rustique. Elle a pour elle le privilège de l'autorité. — Ces deux idées se suivent sans se tenir.
9. *In omni oratione,* dans toutes mes paroles.
10. *Fundamentis.* « La vieillesse dont je fais l'éloge est celle qui

sit; ex quo efficitur id, quod ego magno quondam cum assensu omnium dixi, miseram esse senectutem, quæ se oratione defenderet [1]: non cani nec rugæ repente auctoritatem arripere possunt, sed honeste acta superior ætas fructus capit auctoritatis extremos.

63. Hæc enim ipsa sunt honorabilia [2] quæ videntur levia atque communia, salutari [3], appeti, decedi, assurgi, deduci, reduci, consuli [4]: quæ et apud nos et in aliis civitatibus, ut quæque optime morata est, ita diligentissime observantur [5]. Lysandrum Lacedæmonium, cujus modo feci mentionem, dicere aiunt solitum Lacedæmonem esse honestissimum domicilium senectutis; nusquam enim tantum tribuitur ætati, nusquam est senectus honoratior. Quin etiam memoriæ proditum est, quum Athenis ludis quidam in theatrum grandis natu venisset, magno consessu [6] locum nusquam ei datum a suis civibus; quum autem ad Lacedæmonios accessisset, qui, legati quum essent, certo in loco consederant [7], consur-

s'appuie sur la jeunesse comme sur un fondement. » En d'autres termes, elle est la suite et le couronnement de la jeunesse: elle vaut ce que la jeunesse a valu; l'une récolte ce que l'autre a semé, *fructus capit*, comme il est dit quelques lignes plus bas.

1. *Defenderet*. « Une vieillesse qui a besoin de paroles pour se défendre.» L'honneur du vieillard, ce sont les actes de sa vie passée. *Defenderet* et non pas *defendat*, à cause de *dixi*.

2. *Honorabilia*. Seul exemple de ce mot dans la latinité classique.

3. *Salutari*. Les clients étaient tenus à venir tous les matins saluer leur patron. Les citoyens mesuraient leur crédit au nombre de ces visites. Virgile a parlé de ces maisons qui reçoivent un flot de clients empressés, *Mane salutantum... undam*, Géorgiques, II, 461.

4. *Consuli*. Énumération des témoignages de déférence qui sont comme les signes de l'autorité : on recherche leur société, on leur cède le pas, on se lève à leur aspect, on leur fait cortège quand ils sortent de leur maison ou qu'ils y rentrent, on les consulte.

5. *Observantur*. Ces usages sont d'autant mieux observés que les mœurs sont meilleures.

6. *Magno consessu*. La foule occupait toutes les places. Il s'agit probablement des grandes Panathénées.

7. *Consederant*. En qualité d'ambassadeurs, ils avaient leurs places réservées.

rexisse omnes illi dicuntur et senem sessum recepisse [1]; quibus quum a cuncto consessu plausus esset multiplex datus, dixisse ex iis quemdam, Athenienses scire quæ recta essent, sed facere nolle.

64. Multa in nostro collegio [2] præclara, sed hoc, de quo agimus, in primis, quod, ut quisque ætate antecedit, ita sententiæ principatum [3] tenet, neque solum honore antecedentibus, sed iis etiam, qui cum imperio [4] sunt, majores natu augures anteponuntur. Quæ sunt igitur voluptates corporis cum auctoritatis præmiis comparandæ? Quibus qui splendide usi sunt, ii mihi videntur fabulam ætatis peregisse [5] nec tanquam inexercitati histriones in extremo actu corruisse.

65. « At sunt morosi et anxii et iracundi et difficiles senes. » Si quærimus [6], etiam avari; sed hæc morum vitia sunt, non senectutis [7]. Ac morositas tamen et ea vitia, quæ dixi, habent aliquid excusationis, non illius quidem justæ [8], sed quæ probari posse videatur : contemni se putant, despici, illudi; præterea in fragili corpore odiosa omnis offensio est. Quæ tamen omnia dulciora fiunt et moribus bonis et artibus, idque quum in vita tum in scæna intelligi potest ex iis fratribus, qui in Adelphis [9]

---

1. *Sessum recepisse*, l'avoir fait asseoir. *Sessum* est ici le supin du verbe *sedeo*.
2. *In nostro collegio*. Le collège des augures; on a vu plus haut que Caton en faisait partie.
3. *Sententiæ principatum*, le droit d'opiner le premier.
4. *Cum imperio*. L'*imperium*, c'est à dire le plus haut pouvoir militaire, religieux et judiciaire, était attaché à certaines magistratures, dictature, consulat, preture. Les autres étaient *sine imperio*

5. *Fabulam ætatis peregisse*. avoir joué jusqu'au bout le drame de la vie.
6. *Si quærimus*, si nous voulons la vérité, pour être vrais.
7. *Non senectutis*. Simple affirmation : la preuve manque. Il y a peut être des défauts inhérents à la vieillesse : chaque âge a les siens.
8. *Non.... justæ.... sed*. L'excuse n'est pas légitime, mais elle peut paraître plausible. Elle est spécieuse.
9. *Adelphis*. Dans la comédie intitulée *Les Adelphes*, Térence,

sunt : quanta in altero duritas, in altero comitas! Sic se res habet : ut enim non omne vinum, sic non omnis ætas matura vetustate coacescit. Severitatem in senectute probo, sed eam, sicut alia, modicam; acerbitatem nullo modo.

66. Avaritia vero senilis quid sibi velit[1], non intelligo; potest enim quicquam esse absurdius quam, quo viæ minus restet, eo plus viatici quærere?

XIX. Examen du quatrième inconvénient : L'approche de la mort est-elle un tourment pour le vieillard? — La mort n'est jamais redoutable; elle n'épargne pas les jeunes gens; la vie est si courte que le terme en est toujours prochain. La mort du jeune homme est douloureuse; celle du vieillard est naturelle, comme la fin d'un voyage.

Quarta restat causa, quæ maxime angere atque sollicitam habere[2] nostram ætatem videtur, appropinquatio mortis, quæ certe a senectute non potest esse longe. O miserum senem, qui mortem contemnendam esse in tam longa ætate non viderit! Quæ aut plane negligenda est, si omnino exstinguit animum, aut etiam optanda, si aliquo eum deducit, ubi sit futurus æternus[3] : atqui tertium certe nihil inveniri potest[4].

67. Quid igitur timeam, si aut non miser post mortem aut beatus etiam futurus sum? Quanquam quis est tam

imitant Ménandre, a dépeint deux vieillards dont les caractères sont tout opposés, l'un sévère à l'excès et l'autre indulgent.

1. *Quid sibi velit*, je ne comprends pas où elle en veut venir, ce qu'elle prétend, le but qu'elle se propose. Idiotisme fréquent.

2. *Sollicitam habere*, la tenir en inquiétude.

3. *Æternus*. Ce dilemme résume toute la philosophie de Cicéron sur la question de la vie future. Il l'a reproduit dans beaucoup de ses traités et développé longuement dans le 1er livre des *Tusculanes*.

4. *Tertium nihil inveniri potest*. Il n'est pas certain qu'il n'y ait pas de milieu pour l'homme entre la destruction et la vie bienheureuse.

stultus, quamvis sit adolescens, cui sit exploratum se ad vesperum esse victurum? Quin etiam ætas illa multo plures quam nostra casus mortis¹ habet ; facilius in morbos incidunt adolescentes, gravius ægrotant, tristius curantur². Itaque pauci veniunt ad senectutem; quod ni ita accideret³, melius et prudentius viveretur : mens enim et ratio et consilium in senibus est; qui si nulli fuissent, nullæ omnino civitates fuissent. Sed redeo ad mortem impendentem. Quod est istud crimen senectutis, quum id ei videatis cum adolescentia esse commune?

68. Sensi ego in optimo filio⁴, tu in exspectatis ad amplissimam dignitatem⁵ fratribus, Scipio, mortem omni ætati esse communem. « At sperat⁶ adolescens diu se victurum, quod sperare idem senex non potest. » Insipienter sperat; quid enim stultius quam incerta pro certis habere, falsa pro veris? « At senex⁷ ne quod speret quidem habet. » At est eo meliore conditione quam adolescens, quum id, quod ille sperat, hic consecutus est : ille vult diu vivere, hic diu vixit.

69. Quanquam, o di boni! quid est in hominis vita

---

1. *Casus mortis.* Cicéron force son raisonnement et tombe dans le paradoxe : les jeunes gens n'ont pas autant de chances de mort que les vieillards.

2. *Tristius curantur*, leur guérison est plus pénible : proposition contestable.

3. *Quod ni ita accideret.* S'il y avait plus de vieillards, il y aurait plus de vertu et de sagesse.

4. *In optimo filio* In a souvent le sens de « à propos de, en ce qui concerne ». Allusion à la mort du jeune Caton. Voir XXIII, 85, note 2.

5. *Exspectatis ad amplissimam dignitatem.* L'attente publi-

que les désignait pour les plus hautes fonctions. Ces deux fils de Paul Émile, frères par le sang du second Africain, moururent au moment où leur père recevait les honneurs du triomphe.

6. *At sperat.* L'objection que Caton se fait à lui même est sérieuse : il y répond faiblement. Le jeune homme a tort d'espérer, dit il. C'est se jouer que de soutenir cette thèse.

7. *At senex.* Autre objection, résolue par un jeu de mots. Le jeune homme espère vivre ; le vieillard a vécu. Celui-ci est donc mieux partagé que celui là.

diu? Da enim supremum tempus¹, exspectemus Tartessiorum² regis ætatem; fuit enim, ut scriptum video³, Arganthonius quidam Gadibus, qui octoginta regnaverat annos, centum viginti vixerat; sed mihi ne diuturnum quidem quicquam videtur, in quo est aliquid extremum: quum enim id⁴ advenit, tum illud, quod præteriit, effluxit; tantum remanet, quod virtute et recte factis consecutus sis. Horæ quidem cedunt et dies et menses et anni, nec præteritum tempus nquam revertitur nec quid sequatur sciri potest : quod cuique temporis ad vivendum datur, eo debet esse contentus.

70. Neque enim histrioni, ut placeat, peragenda fabula est, modo in quocumque fuerit actu probetur, neque sapienti usque ad « plaudite⁵ » veniendum est. Breve enim tempus ætatis satis longum est ad bene honesteque vi vendum : sin processerit longius, non magis dolendum est quam agricolæ dolent, præterita verni temporis suavitate æstatem autumnumque venisse; ver enim tanquam adolescentiam significat⁶ ostenditque fructus futuros, reliqua autem tempora demetendis fructibus et percipiendis accommodata sunt.

71. Fructus autem senectutis est, ut sæpe dixi, ante partorum bonorum memoria et copia⁷. Omnia autem⁸,

1. *Da enim supremum tempus*, accordez lui le temps le plus long. *Supremum*, jusqu'à la dernière limite.

2. *Tartessiorum*. Tartessus, ville située à l'embouchure du Guadalquivir, capitale d'un État florissant dans l'antiquité. Cicéron semble l'identifier avec Gadès, Cadix.

3. *Ut scriptum video*. Hérodote raconte cette tradition, livre 1, 163.

4. *Id*. Quand arrive la fin, *extremum*.

5. *Plaudite*, mot consacré, pour annoncer aux spectateurs que la pièce est finie.

6. *Significat*. Le printemps représente, pour ainsi dire, la jeunesse : il en est l'emblème.

7. *Memoria et copia*, le souvenir et la jouissance des biens acquis dans un autre âge.

8. *Omnia autem*. Cicéron revient à son sujet : que l'approche de la mort n'est pas un mal pour le vieillard.

quæ secundum naturam fiunt, sunt habenda in bonis; quid est autem tam secundum naturam quam senibus emori? quod idem contingit adolescentibus adversante et repugnante natura. Itaque adolescentes mihi mori sic videntur, ut quum aquæ multitudine flammæ vis opprimitur, senes autem sic, ut quum sua sponte, nulla adhibita vi, consumptus ignis exstinguitur; et quasi[1] poma ex arboribus, cruda si sunt, vix evelluntur, si matura et cocta, decidunt, sic vitam adolescentibus vis aufert, senibus maturitas; quæ quidem mihi tam jucunda est, ut, quo propius ad mortem accedam, quasi terram videre videar[2] aliquandoque in portum ex longa navigatione esse venturus.

XX. La vie n'a pas de terme fixé; elle finit le mieux possible, quand la nature dissout d'elle-même les éléments qu'elle a agrégés. Il n'est pas permis de devancer ce jour sans de puissants motifs; il faut s'y préparer par une constante méditation, et s'affranchir des terreurs de la mort. Celui qui meurt vieux est rassasié de la vie et la quitte sans regret.

72. Senectutis autem nullus est certus terminus, recteque in ea vivitur, quoad munus officii[3] exsequi et tueri possis [mortemque contemnere[4]]; ex quo fit ut animosior etiam senectus sit quam adolescentia et fortior. Hoc illud est, quod[5] Pisistrato tyranno a Solone responsum est, quum illi quærenti, qua tandem re fretus sibi tam audaciter obsisteret, respondisse dicitur : « Senectute[6]. » Sed

1. *Quasi.* Dans le sens de *quem admodum.*
2. *Videre videar.* Je crois voir la terre, c'est à dire, le port.
3. *Munus officii,* expression employée déjà ch. XI, 35, et reproduite sous une autre forme, *officia et munera,* mais dans un sens équivalent, ch. X, 34.
4. *Mortemque contemnere.* Ces mots qui n'ont pas d'à propos, sont peut être interpolés.
5. *Hoc illud est, quod...* tel est le sens de la réponse que, etc.
6. *Senectute.* Plutarque rapporte cette réponse dans la *Vie de Solon;* elle n'est pas adressée au tyran, mais à des amis prudents.

vivendi est finis optimus, quum integra mente certisque sensibus opus ipsa suum eadem quæ coagmentavit natura dissolvit[1]. Ut navem, ut ædificium idem destruit facillime qui construxit[2], sic hominem eadem optime quæ conglutinavit natura dissolvit. Jam omnis conglutinatio recens ægre, inveterata facile divellitur : ita fit ut[3] illud breve vitæ reliquum[4] nec avide appetendum senibus nec sine causa[5] deserendum sit.

73. Vetatque Pythagoras injussu imperatoris, id est Dei, de præsidio et statione[6] vitæ decedere. Solonis quidem sapientis est elegium[7], quo se negat velle suam mortem dolore amicorum et lamentis vacare. Vult, credo, se esse carum suis, sed haud scio an melius Ennius :

> Nemo me lacrumis decoret, neque funera fletu
> Faxit[8].

Non censet lugendam esse mortem, quam immortalitas consequatur.

1. *Dissolvit.* C'est mourir de sa belle mort, *finis optimus.* Cicéron n'ajoute pas qu'il est rare de conserver jusqu'au bout « toute sa présence d'esprit, toute la sûreté de ses sens. »

2. *Qui construxit.* La comparaison paraît manquer de justesse.

3. *Ita fit ut*, etc. On a vu dans cette proposition la conclusion d'un raisonnement, dont les deux précédentes sont les prémisses ; *ita fit ut* équivaudrait à *igitur*, donc. Il paraît difficile de réunir si étroitement des pensées peu cohérentes.

4. *Breve reliquum,* ce peu qui reste de la vie. Cette expression associant deux adjectifs, dont l'un est pris substantivement, n'est pas ordinaire dans la bonne latinité.

5. *Sine causa,* sans une bonne raison. Le suicide est permis, disent les Stoïciens, s'il est justifié.

6. *Præsidio et statione,* le poste qu'il a à garder. Cette métaphore si souvent répétée se trouve déjà chez Platon.

7. *Elegium,* traduction du mot grec : maxime écrite en vers élégiaques. On écrit aussi *elogium*. Plutarque cite le distique où Solon exprime le désir d'être pleuré par ses amis. Cicéron l'a traduit, *Tusculanes,* i, 117.

8. *Faxit,* pour *fecerit,* comme au chapitre 1er, *levasso* pour *leva vero.* Le reste du pentamètre est cité par Cicéron (*Tusculanes*, i, 15, 34) : *cur ? volito vivus per ora virum.* Ces mots paraissent nécessaires à la pensée que Cicéron prête à Ennius : aussi quelques éditeurs les écrivent dans le texte (voir l'édition de Balter).

74. Jam sensus moriendi aliquis esse potest isque ad exiguum tempus [1], præsertim seni : post mortem quidem sensus aut optandus aut nullus est. Sed hoc meditatum ab adolescentia debet esse, mortem ut negligamus, sine qua meditatione [2] tranquillo animo esse nemo potest; moriendum enim certe est, et incertum an [3] hoc ipso die : mortem igitur omnibus horis impendentem timens qui poterit animo consistere [4] ?

75. De qua non ita longa disputatione opus esse videtur, quum recorder non L. Brutum [5], qui in liberanda patria est interfectus, non duos Decios [6], qui ad voluntariam mortem cursum equorum incitaverunt, non M. Atilium [7], qui ad supplicium est profectus, ut fidem hosti datam conservaret, non duos Scipiones [8], qui iter Pœnis vel corporibus suis obstruere voluerunt, non avum tuum L. Paulum [9], qui morte eluit collegæ in Cannensi ignominiam temeritatem, non M. Marcellum [10], cujus interitum ne crudelissimus quidem hostis honore sepulturæ carere passus est, sed legiones nostras, quod scripsi in

---

1. *Isque ad exiguum tempus*, mais il est de courte durée. *Que* et *atque* ont parfois un sens équivalent à *sed*. *Quidem* qui vient après *mortem* a la même acception.

2. *Sine qua meditatione*, si on n'y réfléchit pas; si on ne médite pas cette vérité, à savoir que la mort abolit tout sentiment, ou n'en laisse que d'agréables. Cicéron a écrit après Platon : « La vie des philosophes doit être une méditation de la mort. »

3. *Incertum an.* Comme plus haut *haud scio an*, peut-être. Voir ci-dessus ch. XVI, 56, p. 52, note 6.

4. *Animo consistere*, conserver son calme.

5. *L. Brutum.* Brutus, le chef de la révolution qui chassa les rois.

6. *Duos Decios*, les deux Décius, dont le dévouement a déjà été loué, XIII, 43.

7. *M. Atilium.* Régulus.

8. *Duos Scipiones.* Les deux Scipion, morts en Espagne. Voir IX, 29

9. *L. Paulum.* Le père de Paul Émile, qui se fit tuer à Cannes Son collègue était Térentius Varro

10. *M. Marcellum.* Marcellus, vainqueur à Nola, emporta Syracuse et fut tué à Tarente en 208. Hannibal, si acharné contre les Romains, *crudelissimus hostis*, lui fit faire des funérailles solennelles, et renvoya ses cendres à son fils.

Originibus [1], in eum locum sæpe profectas alacri animo et erecto, unde se redituras nunquam arbitrarentur. Quod igitur adolescentes et ii quidem non solum indocti, sed etiam rustici, contemnunt, id docti senes extimescent?

76. Omnino [2], ut mihi quidem videtur, rerum omnium satietas vitæ facit satietatem. Sunt pueritiæ studia certa; num igitur ea desiderant adolescentes? Sunt ineuntis adolescentiæ; num ea constans jam requirit ætas [3], quæ media dicitur? Sunt etiam ejus ætatis [4]; ne ea quidem [5] quæruntur in senectute; sunt extrema quædam studia senectutis. Ergo, ut superiorum ætatum studia occidunt, sic occidunt etiam senectutis; quod quum evenit, satietas vitæ tempus maturum mortis affert.

XXI. La mort n'est d'ailleurs que le commencement d'une vie meilleure, réservée à l'âme. C'est la croyance des plus grands philosophes, et il y a des raisons pour l'adopter.

77. Non enim video cur, quid ipse sentiam [6] de morte, non audeam vobis dicere, quod eo cernere mihi melius videor, quo ab ea propius absum. Ego vestros patres [7], tu, Scipio, tuque, Læli, viros clarissimos mihique amicissimos, vivere arbitror et eam quidem vitam, quæ est sola vita nominanda: nam, dum sumus inclusi in his

1. *Originibus.* Voir xi, 38, n. 2.
2. *Omnino*, en tout cas.
3. *Constans ætas.* Voir plus haut, xi, 33. Cette pensée y est déjà exprimée presque dans les mêmes termes.
4. *Ejus ætatis.* L'âge mûr a aussi les siens.
5. *Ne ea quidem.* Ceux-là non plus.
6. *Quid ipse sentiam.* Entre les deux opinions mentionnées plus haut, Caton prend parti et expose « sa croyance personnelle ». Cicéron s'est excusé de lui prêter des idées qu'il n'a pas eues (i, 3) : *videbitur eruditius disputare.*
7. *Vestros patres.* Paul Émile et le premier Lélius, l'ami du premier Africain.

compagibus¹ corporis, munere quodam necessitatis² et gravi opere perfungimur; est enim animus cælestis ex altissimo domicilio depressus et quasi demersus in terram, locum divinæ naturæ æternitatique contrarium³. Sed credo deos immortales sparsisse animos in corpora humana, ut essent qui terras tuerentur⁴ quique cælestium⁵ ordinem contemplantes imitarentur⁶ eum vitæ modo atque constantia. Nec me solum ratio ac disputatio impulit ut ita crederem, sed nobilitas etiam summorum philosophorum et auctoritas.

78. Audiebam Pythagoram Pythagoreosque, incolas pæne nostros, qui essent Italici philosophi quondam nominati, nunquam dubitasse quin ex universa mente divina delibatos animos haberemus⁷; demonstrabantur mihi præterea quæ Socrates supremo vitæ die de immortalitate animorum disseruisset, is qui esset omnium sapientissimus Apollinis oraculo judicatus. Quid multa? Sic mihi persuasi, sic sentio, quum tanta celeritas animorum sit, tanta memoria præteritorum futurorum-

---

1. *Compagibus*. Cicéron, inspiré par Platon, s'est servi ailleurs pour désigner le corps de mots plus énergiques encore, *custodia, carcer*.

2. *Munere necessitatis*, une tâche imposée par la nécessité.

3. *Contrarium*. Les âmes sont éternelles et leur substance est identique à celle des astres, *æles tis*, qui brillent dans la sphère du feu, *altissimo domicilio*. C'est de là qu'elles tombent dans ce bas monde composé d'eau et de terre, et, par suite, tout opposé à « la nature divine et à l'éternité ». Ce roman à moitié platonicien de l'origine des âmes a été longuement raconté par Cicéron dans les *Tusculanes*, liv. I.

4. *Tuerentur*, pour être les spectateurs du monde : sens équivalent à celui d'*intuerentur*. D'autres l'entendent dans le sens de « garder, habiter. »

5. *Cælestium*, les corps célestes.

6. *Imitarentur*. La vie, suivant les Stoïciens, doit être une imitation de l'ordre universel; en d'autres termes, il faut vivre conformément à la nature.

7. *Animos haberemus*. Cette opinion que l'âme humaine est une émanation directe de l'âme universelle, n'est pas exactement celle de Pythagore : elle a pu être professée par des pythagoriciens plus récents, mais qui l'ont empruntée à Platon, et surtout au Stoïcisme.

que prudentia, tot artes, [tantæ scientiæ,] tot inventa, non posse eam naturam, quæ res eas contineat, esse mortalem [1]; quumque semper agitetur animus nec principium motus habeat, quia se ipse moveat, ne finem quidem habiturum esse motus, quia nunquam se ipse sit relicturus [2]; et quum simplex animi natura esset neque haberet in se quicquam admixtum dispar sui atque dissimile, non posse eum dividi [3]; quod si non possit, non posse interire, magnoque esse argumento homines scire pleraque ante quam nati sint, quod jam pueri, quum artes difficiles discant, ita celeriter res innumerabiles arripiant, ut eas non tum primum accipere videantur, sed reminisci et recordari [4]. Hæc Platonis fere.

XXII. Cyrus, à ses derniers moments, exprime à ses enfants sa confiance en une autre vie.

79. Apud Xenophontem [5] autem moriens Cyrus major hæc dicit : « Nolite arbitrari, o mei carissimi filii, me,

1. *Esse mortalem*. Première présomption en faveur de l'immortalité : activité intellectuelle de l'âme.
2. *Sit relicturus.* Deuxième raison : l'âme est un principe de mouvement ; elle ne peut donc cesser de se mouvoir, c'est-à-dire, de vivre. Cette considération est longuement développée dans le *Songe de Scipion*, ix, 19. Elle est empruntée au *Phèdre* de Platon.
3. *Non posse eum dividi*. Troisième raison : l'âme est simple, et la mort, qui est une dissolution, ne peut l'entamer. Argument d'origine platonicienne.
4. *Recordari.* Cette dernière preuve ne confirme pas directement la vérité d'une vie future ; elle établit celle d'une vie antérieure ; mais si la naissance n'est que la continuation de l'existence, la mort ne doit être à son tour qu'une transformation. Cet argument est tout à fait propre à Platon, et se fonde sur la doctrine de la réminiscence. — Ce bref résumé des démonstrations de l'immortalité ne brille ni par l'exactitude philosophique ni par le sens critique.
5. *Xenophontem*. Cyropédie, viii, vii, 17. Cicéron traduit librement le texte. — Il est inutile d'ajouter que Xénophon a prêté à son héros les pensées d'un disciple de Socrate.

quum a vobis discessero, nusquam aut nullum fore; nec enim, dum eram vobiscum, animum meum videbatis, sed eum esse in hoc corpore ex iis rebus, quas gerebam, intelligebatis : eumdem igitur esse creditote, etiam si nullum videbitis.

80. Nec vero clarorum virorum post mortem honores permanerent, si nihil eorum ipsorum animi efficerent, quo diutius memoriam sui teneremus. Mihi quidem persuaderi nunquam potuit animos, dum in corporibus essent mortalibus, vivere, quum excessissent ex eis, emori; nec vero tum animum esse insipientem[1], quum ex insipienti corpore evasisset, sed, quum omni admixtione corporis liberatus purus et integer esse cœpisset, tum esse sapientem. Atque etiam, quum hominis natura morte dissolvitur, ceterarum rerum perspicuum est quo quæque discedat; abeunt enim illuc omnia, unde orta sunt[2]: animus autem solus nec quum adest nec quum discedit apparet.

81. Jam vero videtis nihil esse morti tam simile quam somnum; atqui dormientium animi maxime declarant divinitatem suam; multa enim, quum remissi et liberi sunt[3], futura prospiciunt: ex quo intelligitur quales futuri sint, quum se plane corporis vinculis relaxaverint. Quare, si hæc ita sunt, sic me colitote, inquit, ut deum : sin una est interiturus animus cum corpore, vos tamen, deos verentes, qui hanc omnem pulchritudinem tuentur et regunt, memoriam nostri pie inviolateque servabitis.»

---

1. *Insipientem*, privé de sentiment ou d'intelligence. Ce mot contraste avec *sapientem*, qui termine la phrase.

2. *Unde orta sunt.* « Les éléments du corps dit Xénophon, vont se confondre avec les éléments semblables; mais il n'en est pas ainsi de l'âme. »

3. *Quum... liberi sunt.* Le sommeil est comme un commencement d'affranchissement de l'âme. — Idée peu soutenable.

XXIII. Cette vie future est le but des efforts des grands hommes; ils ne poursuivraient pas la gloire, s'ils devaient n'en pas jouir après leur mort. Caton aspire après le jour où il ira retrouver ses amis et son fils. Si cet avenir lui manque, la mort n'en est pas pour cela plus redoutable

82. Cyrus quidem hæc moriens; nos, si placet, nostra videamus [1]: nemo unquam mihi, Scipio, persuadebit aut patrem tuum Paulum aut duos avos, Paulum et Africanum, aut Africani patrem aut patruum [2] aut multos præstantes viros, quos enumerare non est necesse, tanta esse conatos [3], quæ ad posteritatis memoriam pertinerent, nisi animo cernerent [4] posteritatem ad se pertinere [5]. An censes, ut de me ipso aliquid more senum glorier, me tantos labores diurnos nocturnosque domi militiæque suscepturum fuisse, si isdem finibus gloriam [6] meam quibus vitam essem terminaturus? Nonne melius multo fuisset otiosam ætatem et quietam sine ullo labore et contentione traducere? Sed nescio quo modo animus erigens se posteritatem ita semper prospiciebat, quasi,

1. *Nostra videamus*, considérons des exemples qui nous appartiennent, notre propre histoire.

2. *Paulum aut... patruum*. On a parlé plusieurs fois de ces ascendants de Scipion, appartenant à ses deux familles. Voir IX, 29, n. 2 et 3.

3. *Esse conatos* équivaut à *conaturos fuisse*.

4. *Nisi cernerent*, s'ils n'avaient vu.

5. *Pertinere.* Argument que Cicéron a répété en plusieurs ouvrages : ils n'auraient pas fait tant d'efforts pour laisser leur souvenir à la postérité, si la postérité eût dû leur rester étrangère. Il faut alors supposer qu'après la mort ils continueront à s'intéresser aux choses de ce monde. Remarquer que ces raisonnements ne sont faits que pour les grands du monde et que l'immortalité paraît être un privilège de l'aristocratie.

6. *Gloriam*. Pour que ce raisonnement ait un sens, il faut que *gloriam* signifie non-seulement la gloire, mais encore et surtout le sentiment, la connaissance, la jouissance de la gloire. On pourrait croire que l'immortalité dont parle Caton consiste dans le souvenir impérissable qu'on laisse dans la mémoire des hommes ; mais plus bas, il devient évident qu'il s'agit d'une vie future et personnelle.

quum excessisset e vita, tum denique victurus esset; quod quidem ni ita se haberet, ut animi immortales essent, haud optimi cujusque animus maxime ad immortalitatis gloriam niteretur.

83. Quid? quod sapientissimus quisque æquissimo animo moritur, stultissimus iniquissimo, nonne vobis videtur is animus, qui plus cernat et longius, videre se ad meliora proficisci, ille autem, cui obtusior sit acies, non videre? Equidem efferor studio patres vestros, quos colui et dilexi, videndi, neque vero eos solum convenire aveo, quos ipse cognovi, sed illos etiam, de quibus audivi et legi et ipse conscripsi. Quo quidem me proficiscentem [1] haud sane quis facile retraxerit nec tanquam Peliam [2] recoxerit; et si quis deus mihi largiatur ut ex hac ætate repuerascam et in cunis vagiam, valde recusem nec vero velim quasi decurso spatio [3] ad carceres a calce revocari.

84. Quid enim habet vita commodi? quid non potius laboris [4]? sed habeat sane [4], habet certe tamen aut satietatem aut modum. Non lubet enim mihi deplorare vitam, quod multi, et ii docti, sæpe fecerunt [5], neque me vixisse pænitet, quoniam ita vixi, ut non frustra me natum existimem, et ex vita ita discedo tanquam ex hospitio [6],

1. *Quo proficiscentem*, et lorsque je partirai pour ce lieu, où je retrouverai ces grands hommes. Il ne paraît pas qu'il y ait place pour la foule dans cette autre vie.

2. *Peliam*. Éson avait été rajeuni par Médée. Sur son conseil les filles de Pélias égorgèrent leur père pour le soumettre à la même opération, et firent bouillir ses membres dans une chaudière.

3. *Quasi decurso spatio*, après avoir, pour ainsi dire, parcouru toute la carrière. *Carceres* et *calx* désignent les deux extrémités du stade, le point de départ où l'on retenait les chevaux jusqu'au signal, et le but marqué par une ligne ou une corde.

4. *Sed habeat sane*, supposons qu'elle ait ses avantages, elle n'en a pas moins, etc.

5. *Quod multi fecerunt*. La description des maux de la vie était, dès l'antiquité, un lieu commun de philosophie et de littérature.

6. *Ex hospitio*, d'une hôtellerie. Platon appelle de même la mort :

non tanquam e domo; commorandi enim natura deversorium[1] nobis, non habitandi dedit.

85. O præclarum diem, quum in illud divinum animorum concilium cœtumque proficiscar, quumque ex hac turba et colluvione discedam! Proficiscar enim non ad eos solum viros, de quibus ante dixi, verum etiam ad Catonem meum[2], quo nemo vir melior natus est, nemo pietate præstantior; cujus a me corpus est crematum — quod contra[3] decuit ab illo meum —, animus vero non me deserens, sed respectans[4] in ea profecto loca discessit, quo mihi ipsi cernebat esse veniendum: quem ego meum casum fortiter ferre visus sum, non quo æquo animo ferrem, sed me ipse consolabar existimans non longinquum inter nos digressum et discessum fore.

86. His mihi rebus, Scipio, — id enim te cum Lælio admirari solere dixisti — levis est senectus, nec solum non molesta, sed etiam jucunda. Quod si in hoc erro, qui animos hominum immortales esse credam, libenter erro nec mihi hunc errorem, quo delector, dum vivo, extorqueri volo; sin mortuus, ut quidam minuti[5] philosophi censent, nihil sentiam, non vereor ne hunc errorem meum philosophi mortui irrideant. Quod si non sumus immortales futuri, tamen exstingui homini suo tempore optabile est: nam habet natura ut aliarum rerum omnium,

---

un changement de séjour. Lucrèce compare la vie à un banquet que l'on quitte quand on est rassasié : *plenus vitæ conviva*; et La Fontaine a dit aussi : Qu'on sortît de la vie ainsi que d'un banquet.

1. *Commorandi deversorium*, un lieu de halte.

2. *Catonem meum*. Le fils de Caton, mort à quarante ans.

3. *Quod contra*. Construisez *contra quod*, contrairement à cela, au lieu de cela. On a quelquefois considéré *contra* comme un adverbe.

4. *Respectans*, regardant en arrière, du côté de la terre où il m'avait laissé.

5. *Minuti*, des philosophes de mince valeur, des demi philosophes. Allusion aux Épicuriens.

sic vivendi modum[1]; senectus autem ætatis est peractio[2] tanquam fabulæ, cujus defatigationem fugere debemus, præsertim adjuncta satietate.

Hæc habui de senectute quæ dicerem, ad quam utinam perveniatis, ut ea, quæ ex me audistis, re experti probare possitis.

1. *Vivendi modum.* La mort est naturelle, donc elle est desirable. Raisonnement peu concluant.

2. *Peractio,* le dénouement, ou, du moins, le dernier acte, tout aussi nécessaire dans la vie que dans le drame.

FIN.

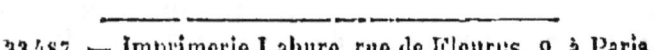

LIBRAIRIE HACHETTE ET Cie
BOULEVARD SAINT-GERMAIN, 79, A PARIS

NOUVELLE COLLECTION
DE CLASSIQUES
FRANÇAIS, LATINS ET GRECS
A L'USAGE DES ÉLÈVES

Format petit in 16 cartonné

(LES NOMS DES ANNOTATEURS SONT INDIQUÉS ENTRE PARENTHÈSES)

LANGUE FRANÇAISE

Boileau : *Œuvres poétiques* (Brunetière).	1 fr 50
— *L'Art poétique*, séparément.	» 50
— *Le Lutrin*, séparément.	» 30
Les Épîtres, séparément	» 60
Bossuet : *Connaissance de Dieu* (de Lens).	1 fr.60
Sermons choisis (Rébelliau).	3 fr. »
Buffon : *Discours sur le style* (E. Dupré).	» 30
Morceaux choisis (E. Dupré).	1 fr.50
Chanson de Roland : *Extraits* (G. Paris)	1 fr.50
Choix de lettres du XVIIe siècle (Lanson)	2 fr.50
Choix de lettres du XVIIIe siècle (Lanson)	2 fr.50
Condillac : *Traité des sensations, liv. I.* (Charpentier). .	1 fr.50
Corneille : *Cinna* (Petit de Julleville).	1 fr. »
Horace (Petit de Julleville).	1 fr. »
Le Cid (Petit de Julleville	1 fr. »
Nicomède (Petit de Julleville).	1 fr. »
— *Le Menteur* (Lavigne).	1 fr. »
Polyeucte (Petit de Julleville).	1 fr. »
Descartes : *Discours de la méthode ; 1re médit.* (Charpentier)	1 fr.50
Principes de la philosophie, 1re partie (Charpentier). .	1 fr.50
Extraits des Chroniqueurs français (Paris et Jeanroy)	2 fr.50
Fénelon : *Fables* (Ad. Regnier).	» 75
— *Sermon pour la fête de l'Épiphanie* (G. Merlet). . . .	» 60
Télémaque (A. Chassang).	1 fr.80
Florian : *Fables* (Geruzez).	» 75
Joinville : *Histoire de saint Louis* (Natalis de Wailly).	2 fr. »
La Bruyère : *Caractères* (Servois et Rébelliau).	fr.50
La Fontaine : *Fables* (E. Geruzez et Thirion).	1 fr.60
Lamartine : *Morceaux choisis*.	2 fr. »

Leibniz : *Extraits de la Théodicée* (P. Janet) 2 fr.50
— *Monadologie* (H. Lachelier). . . . . 1 fr. »
   Nouveaux Essais (Lachelier). 1 fr.75
Malebranche : *De la recherche de la vérité, liv. II ; de l'Imagination* (Thamin). 1 fr.50
Molière : *L'Avare* (Lavigne). . . . . 1 fr. »
   Le Tartufe (Lavigne). . . . . 1 fr. »
   Le Misanthrope (Lavigne). . . . . 1 fr. »
Pascal : *Opuscules* (C. Jourdain). . . . . » 75
   Opuscules philosophiques (Adam). 1 fr.50
   Provinciales I, IV, XIII (Brunetière). 1 fr.50
Racine : *Andromaque* (Lavigne). . . . . » 75
— *Britannicus* (Lanson). . . . . 1 fr. »
   Esther (Lanson) . . . . 1 fr. »
   Iphigénie (Lanson). . . . . 1 fr. »
   Les plaideurs (Lavigne). . . . . » 75
   Mithridate (Lanson). . . . . 1 fr. »
Rousseau (J.-J.) : *Extraits en prose* (Brunel) . . . . 2 fr. »
Sévigné : *Lettres choisies* (Ad. Regnier). 1 fr.80
Théâtre classique (Ad. Regnier). . . . . 3 fr. »
Voltaire : *Choix de lettres* (Brunel). 2 fr.25
— *Charles XII* (Alb. Waddington). . . . . 2 fr. »
— *Siècle de Louis XIV* (Bourgeois). 2 fr.75
— *Extraits en prose* (Brunel). . . . . 2 fr. »

LANGUE LATINE

César : *Commentaires* (Benoist et Dosson). 2 fr.50
Cicéron : *Extraits des principaux discours* (F. Ragon). . 2 fr.50
— *Extraits des ouvrages de rhétorique* (V. Cucheval). 2 fr. »
   Choix de lettres (V. Cucheval). . . . . 2 fr. »
— *De amicitia* (E. Charles). . . . . » 75
   De finibus libri I et II (E. Charles). 1 fr.50
   De legibus liber I (Lucien Lévy). . . . . » 75
   De natura deorum, liber II (Thiaucourt) 1 fr.50
   De re publica (E. Charles). 1 fr.50
   De senectute (E. Charles) . . . . » 75
— *De suppliciis* (E. Thomas). 1 fr.50
   De signis (E. Thomas). 1 fr.50
— *In M. Antonium philippica secunda* (Gantrelle). . 1 fr. »
— *In Catilinam orationes quatuor* (A. Noël). . . . . » 75
— *Orator* (C. Aubert). . . . . 1 fr. »
   Pro Archia poeta (E. Thomas). . . . . » 60
— *Pro lege Manilia* (A. Noël). . . . . » 60
   Pro Ligario (A. Noël). . . . . » 50
   Pro Marcello (A. Noel). . . . . » 50
— *Pro Milone* (A. Noel). . . . . » 75
   Pro Murena (A. Noël). . . . . » 75
— *Somnium Scipionis* (V. Cucheval). . . . . » 50

Cornelius Nepos (Monginot)	» 90
Elégiaques romains (Extraits des) (A. Waltz)	1 fr.80
Epitome historiæ græcæ (J. Girard)	1 fr.50
Heuzet : *Selectæ e profanis scriptoribus* (Leconte)	1 fr.80
Horace : *De arte poetica* (Maurice Albert)	» 60
Jouvency : *Appendix de diis et heroibus* (Edeline)	» 70
Lhomond : *De viris illustribus Romæ* (Duval)	1 fr.50
— *Epitome historiæ sacræ* (A. Pressard)	» 75
Lucrèce : *De la Nature* 1er livre (Benoist et Lantoine)	» 90
— *De la Nature*, 5e livre (Benoist et Lantoine)	» 90
— *Morceaux choisis* (Poyard)	1 fr.50
Ovide : *Morceaux choisis des Métamorphoses* (Armengaud)	1 fr.80
Pères de l'Église latine (Nourrisson)	2 fr.25
Phèdre : *Fables* (E. Talbert)	» 80
Plaute : *La marmite (Aulularia)* (Benoist)	» 80
— *Morceaux choisis* (Benoist)	2 fr. »
Pline le Jeune : *Choix de lettres* (Waltz)	1 fr.80
Quinte Curce (Dosson)	2 fr.25
Quintilien : *Institutions oratoires*, xe livre (Dosson)	1 fr.50
Salluste (Lallier)	1 fr.80
Sénèque : *De vita beata* (Delaunay)	» 75
Lettres à Lucilius, I à XVI (Aubé)	» 75
Tacite : *Annales* (E. Jacob)	2 fr.50
Annales, liv. I, II et III (E. Jacob)	1 fr.50
— *Histoires* (Gœlzer)	» »
— — liv. I et II (Gœlzer)	1 fr.80
— *Vie d'Agricola* (E. Jacob)	» 75
Térence : *Adelphes* (Psichari et Benoist)	» 80
Tite-Live : *Livres XXI et XXII* (Riemann et Benoist)	2 fr. »
— *Livres XXIII, XXIV et XXV* (Riemann et Benoist)	2 fr.50
— *Livres XXVI à XXX* (Riemann et Homolle)	3 fr. »
— *Narrationes* (Riemann et Uri)	1 fr.80
Virgile : *Œuvres* (Benoist)	2 fr.25

LANGUE GRECQUE

Aristophane : *Morceaux choisis* (Poyard)	2 fr. »
Aristote : *Morale à Nicomaque*, 8e liv. (Lucien Lévy)	1 fr. »
Morale à Nicomaque, 10e liv. (Hannequin)	1 fr.50
Poétique (Egger)	1 fr. »
Babrius : *Fables* (Desrousseaux)	1 fr.50
Démosthène : *Discours de la couronne*, (Weil)	1 fr.25
— *Les quatre philippiques* (Weil)	1 fr. »
— *Les trois olynthiennes* (Weil)	» 60
— *Sept philippiques* (Weil)	1 fr.50

Denys d'Halicarnasse : *Première lettre à Ammée* (Weil).	» 60
Élien : *Morceaux choisis* (J. Lemaire)	1 fr. 10
Épictète : *Manuel* (Thurot)	1 fr. »
Eschyle : *Morceaux choisis* (Weil)	1 fr. 60
— *Prométhée enchaîné* (Weil)	1 fr. »
Les Perses (Weil)	1 fr. »
Euripide : *Théâtre* (Weil) : *Alceste; Electre; Hécube; Hippolyte; Iphigénie à Aulis; Iphigénie en Tauride.* Chaque tragédie	1 fr. »
— *Morceaux choisis* (Weil)	2 fr. »
Hérodote : *Morceaux choisis* (Tournier et Desrousseaux).	2 fr. »
Homère : *Iliade* (A. Pierron)	3 fr. 50
Iliade, chants I, II, VI, IX, XVIII, XXII, XXIV, séparément, chacun	» 25
— *Odyssée* (A. Pierron)	3 fr. 50
Odyssée, chants I, II, VI, XI, XII, XXII, XXIII, séparément chacun	» 25
Lucien : *De la manière d'écrire l'histoire* (A. Lehugeur).	» 75
— *Le songe ou le coq* (Desrousseaux)	1 fr. »
— *Dialogue des morts* (Tournier et Desrousseaux)	1 fr. 50
— *Morceaux choisis* (E. Talbot)	2 fr. »
Platon : *Criton* (Ch. Waddington)	» 50
— *Phédon* (Couvreur)	1 fr. 50
— *République*, vi⁰ livre (Aubé)	1 fr. 50
— *République*, vii⁰ livre (Aubé)	1 fr. 50
— *République*, viii⁰ livre (Aubé)	1 fr. 50
— *Morceaux choisis* (Poyard)	2 fr. »
Plutarque : *Vie de Cicéron* (Graux)	1 fr. 50
Vie de Démosthène (Graux)	1 fr. »
Vie de Périclès (Jacob)	1 fr. 50
— *Morceaux choisis des biographies* (Talbot) 2 vol. : 1° les Grecs illustres. 1 vol., 2 fr.; 2° les Romains illustres, 1 vol.	2 fr. »
Morceaux choisis des Œuvres morales (V. Bétolaud).	2 fr. »
Sophocle : *Théâtre* (Tournier) : *Ajax; Antigone; Electre; Œdipe roi; Œdipe à Colone; Philoctète; Trachiniennes.* Chaque tragédie	1 fr. »
— *Morceaux choisis* (Tournier)	2 fr. »
Thucydide : *Morceaux choisis* (Croiset)	2 fr. »
Xénophon : *Economique* (Graux et Jacob)	1 fr. 50
— *Extraits de la Cyropédie* (Petitjean)	1 fr. 50
Mémorables, livre I (Lebègue)	1 fr. »
— *Extraits des Mémorables* (Jacob)	1 fr. 50
— *Morceaux choisis* (de Parnajon)	2 fr. »

Imprimerie Lahure, rue de Fleurus, 9, à Paris, 191.

CLASSIQUES LATINS

(Les noms des annotateurs sont entre parenthèses.)

ANTHOLOGIE DES POÈTES LATINS (Waltz). » »

CICÉRON : *Princip. dis cours*.	2 50	*De suppliciis*...	1 50
— *Ouvrages de rhétor*.	2 »	*In Catilinam*....	» 75
— *Choix de lettres*...	2 »	*Orator*.........	1 »
De amicitia......	» 75	*Philippica secunda*.	1 »
— *De finibus libri I et II*.	1 50	*Pro Archia poeta*...	» 60
— *De legibus liber I*...	» 75	*Pro lege Manilia*...	» 60
De natura deorum lib. II	1 50	*Pro Ligario*.....	» 30
— *De re publica*.....	1 50	*Pro Marcello*.....	» 30
De senectute......	» 75	*Pro Milone*......	» 75
De signis........	1 50	*Pro Murena*......	» 75
		Somnium Scipionis..	» 30

CÉSAR : *Commentaires* (Benoist et Dosson)............ 2 50
CONCIONES Texte annoté (Guiraud)................ » »
CORNELIUS NEPOS (A. Monginot)................. » 90
ÉLÉGIAQUES ROMAINS : *Extraits* (Waltz).......... 1 80
EPITOME HISTORIÆ GRÆCÆ (Julien Girard)........ 1 50
HORACE : *Art poétique* (M. Albert).............. » 60
LHOMOND : *De viris illustribus Romæ* (L. Duval)... 1 50
Epitome historiæ sacræ (Pressard)................ » 75
LUCAIN : *Extraits* (De La Ville de Mirmont)...... » »
LUCRÈCE : *De la nature*, Ier livre (Benoist et Lantoine).. » 90
Ve livre (Benoist et Lantoine).................. » 90
— *Morceaux choisis* (Poyard)................... 1 50
NARRATIONES (Riemann et Uri)................. » »
OVIDE : *Morc. ch. des Métamorphoses* (Armengaud) ... 1 80
PHÈDRE : *Fables* (L. Havet).................. » »
PLAUTE : *Aulularia* (E. Benoist).............. » 80
Morceaux choisis (E. Benoist)................. 2 »
PLINE LE JEUNE : *Choix de lettres* (Waltz)........ 1 80
QUINTE CURCE *Histoire d'Alexandre* (Dosson et Pichon). 2 25
QUINTILIEN : *De Institutione oratoria*, liber X (Dosson).. 1 40
SALLUSTE : *Catilina et Jugurtha* (Lallier)........ 1 80
SELECTÆ E PROFANIS SCRIPTORIBUS (Leconte).... 1 80
SÉNÈQUE : *De vita beata* (Delaunay)........... » 75
Lettres a Lucilius, Lettres I à XVI (Aubé)....... » 75
TACITE : *Annales* (E. Jacob).................... 2 50
Annales, liv. I, II et III (Jacob).............. 1 50
Histoires, Livres I et II (Goelzer).............. 1 80
— *Vie d'Agricola* (E. Jacob).................... » 75
La Germanie (Goelzer)
Dialogue des orateurs (Goelzer)................ » »
TÉRENCE : *Les Adelphes* (Psichari et Benoist)..... » 80
THÉATRE LATIN : *Extraits* (Ragnain)
TITE-LIVE : Liv. XXI et XXII (Benoist et Riemann). 2 »
— Liv. XXIII, XXIV et XXV. (id.)... 2 50
— Liv. XXVI à XXX (Riemann et Homolle). 3 »
VIRGILE (E. Benoist et Duvau)... 2 25

7 25.

www.ingramcontent.com/pod-product-compliance
Lightning Source LLC
LaVergne TN
LVHW052109090426
835512LV00035B/1334